誰も教えてくれない
セールスの教科書

菊原智明

ぱる出版

はじめに

あなたが抱えている
営業のお悩みにお答えします

「こんな悩みは誰にも相談できない…」
「今さらこんな基本的なこと、聞けないよなぁ〜」
「そもそも、相談したくても相談する人が誰もいない！」

　営業活動をしていて、このように思うことはないでしょうか？

　このようなお悩みを抱えている人のためにこの本を書きました。
　営業活動をしていれば、問題が起こったり、壁にぶち当たったりするものです。
　そんなときに親身になって相談に乗ってくれる上司や先輩がいたら最高です。
「この場合はどうすればよいのでしょうか？」と相談すれば、自分の仕事を止めてまでも「この場合はまずは○○をすればいい。細かい部分はオレが確認しておくから心配するな」と親切に答えてくれる。
　こんな環境でしたらどれだけ幸せでしょうか。

　しかしそういった恵まれた環境で働いている人は多くありません。ほとんどの人は相談したくても、相談相手がいないのです。
　隣のできる先輩は朝から忙しそうです。

直属の上司は成績が上がらず、いつもイライラしています。
　このような状況で、どう悩みを聞いてもらえばいいというのでしょうか？
　うっかり質問などすれば「お前はまだそんなこともわからないのか！」と怒鳴り飛ばされます。
　上司や先輩は意地悪でそうしているわけではありません。
　自分の仕事でいっぱいいっぱいなため、人のことまで手が回らないのです。

　人は身近に悩みを相談できる人がいないときは外に求めます。
　今では便利なＱ＆Ａのサービスがたくさん存在しています。
　ヤフー知恵袋、教えてgoo、発言小町……などなど。
　以前大学入試で起こった問題のように、ネット上で相談すれば、テスト中に答えがアップされるという驚くほどのスピードで解決策を提示してくれます。

　しかし、実際このようなＱ＆Ａを利用する人の90％以上は自分から質問はしません。
　他人のＱ＆Ａを見て、解決させているのです。

　あなたもそうではないでしょうか？
　Ｑ＆Ａのサービスを利用しようと思ったが、いざ投稿するとなると気が引ける…。
　とくに営業での深い悩みを投稿する気にはなれません。
《こんなことを投稿してバカにされたら…》
《身元がバレてはずかしい目にあうのでは…》

> はじめに

　そう思うとパソコンを打つ手が止まります。
　ですから、まずはお悩みを投稿するのではなく、自分の抱えている悩みに似たQ＆Aがないか探すはずです。
　なんだかんだ言っても【他人の事例】が一番参考になるのです。
　ここで少し私のことをお話させてください。

　私は現在営業のコンサルタントと大学で学生に向けて【営業の授業】をしております。
　その中で毎日のように営業マンや学生から様々な相談を頂きます。人一倍相談に乗ってきていると思います。
　また私は11年間住宅営業をしていたのですが、そのうちの7年間をダメ営業マンとして過ごしました。
　その後、4年連続でトップ営業マンになったこともあり、ダメ営業マンとトップ営業マンのお悩みの両方を理解できるのです。

　本書は営業活動で多くの人がぶち当たる問題やお悩みを75個掲載しております。
　掲載している相談例はすべて実際営業をしている人からのリアルなお悩みです。

　Q＆Aの内容は主に私が主催している営業の通信講座の会員（卒業生も含め500名以上）様から頂いたお悩みと、営業セミナーや研修でお会いした営業マンから伺ったお悩みです。
　プライベートや個人情報のこともあるので多少変えてある部分もありますが、相談内容はそのまま載せております。作り込んだ内容ではありませんから、必ずや参考になるでしょう。

本書ではお悩みの多い順に
第1章 「集客・初回面談」
第2章 「訪問・アプローチ」
第3章 「電話・メール」
第4章 「ランクアップツール」
第5章 「商談」
第6章 「契約・クロージング」
と掲載しています。
　また最後の第7章にて「人間関係」のお悩みをご紹介させて頂きます。
　本書は第1章から順番に読み進めるというタイプの本ではありません。目次を見て、**自分がいま直面しているお悩みから真っ先に読んでください。**

　それぞれのお悩みに解決策が提示されていますが、そのまま参考にできればそのまま参考にしてください。
　また《自分の業界だったら、こう変えたほうがいいだろうな》とアレンジしてもいいでしょう。

　このＱ＆Ａを読んで仮に解決策が参考にならなかった場合も、お悩みを読むことで、《悩んでいるのは自分だけじゃないんだ》と知るだけでも効果はあります。
　悩みを抱えてしまうと、どうしても殻に閉じこもりがちになります。
「オレって人よりセンスが無いのだろうか…」
「なんで私だけこんな目に合わなくちゃならないの」

はじめに

「もうお先真っ暗だ」
などと思い詰めてしまうのです。
そんなときに他人の事例を見ることで安心します。
3項目も読めば、《なんだぁ、みんな同じようなことで悩んでいるじゃないか》と救われる気分になるでしょう。
さらには解決策からヒントをつかみ、一気に営業活動がうまくいくようになるのです。

この本はあなたの営業活動でのお悩みを解決できるようにと書きました。
あなたが本書を読むことで事例からヒントをつかみ、営業活動のお悩みから解放されればこれ以上嬉しいことはありません。

営業コンサルタント
関東学園大学経済学部講師
菊原　智明

カバーデザイン◎渡邊民人（TYPEFACE）
本文デザイン◎内藤富美子（北路社）
本文イラスト◎さいとうあずみ

誰も教えてくれないセールスの教科書　もくじ

はじめに　3

第1章　集客・初回面談 編

⊙営業は「掛け算」で考える　14

- 質問 **1**　新規の集客ができません　16
- 質問 **2**　形のない商品を扱っているのですが…　18
- 質問 **3**　初対面のお客様と世間話ができません　20
- 質問 **4**　飛び込み営業の毎日にうんざりです　22
- 質問 **5**　冷かし客に困っています　24
- 質問 **6**　接客に自信が持てません　26
- 質問 **7**　反応が悪いお客様に出会うと落ち込みます　28
- 質問 **8**　どんな情報を提供すればいいのかわかりません　30
- 質問 **9**　どう投資家を探していいのかわかりません　32
- 質問 **10**　お客様の反応が怖くて訪問できません　34
- 質問 **11**　このままでは営業を続けられません　36
- 質問 **12**　飛び込んでも話が進みません　38
- 質問 **13**　受付でシャットアウトされます　40

第1章のまとめ　お客様の来場者数が減ったときの考え方　42

第2章 訪問・アプローチ 編

- **訪問することで自分の価値を下げない！** 46
- 質問 **14** 会社が無名なのですが… 48
- 質問 **15** 担当者に会えないのですが… 50
- 質問 **16** 年配者にも訪問しないほうがいいですか？ 52
- 質問 **17** せっかくご来店頂いても不在のときがあります 54
- 質問 **18** 塩漬けリストのアプローチの仕方がわかりません 56
- 質問 **19** 女性というだけで相手にされません 58
- 質問 **20** 若造では高級商品は売れないと思います… 60
- 質問 **21** 担当エリアが変わりました 62
- 質問 **22** アプローチしても商談へ進みません 64
- 質問 **23** きつい断りを受けました 66
- 質問 **24** フォローするお客様が増えて困っています 68
- 第2章のまとめ　アプローチで結果を出す人、出さない人 70

第3章 電話・メール・ネットでの問い合わせ 編

- **情報化社会に求められる営業マンとは？** 74
- 質問 **25** 電話が極端に苦手です 76
- 質問 **26** 手紙（営業レター）だけではもの足りません 78
- 質問 **27** 電話番号がわかりません 80
- 質問 **28** 郵送コストがかかり過ぎます 82

質問 **29**	電話してもアポがとれません　84
質問 **30**	ハガキを出して電話しても相手にされません　86
質問 **31**	アプローチする前に他社に取られてしまいます　88
質問 **32**	ホームページからの資料請求の対応に困っています　90
質問 **33**	メールの問い合せはすぐに音信不通になってしまいます　92
質問 **34**	1回きりのお客様の対応に困っています　94

第3章のまとめ できる営業マンはメールの勉強をしている　96

第4章 見込み客の ランクアップツール 編

⊙ **お客様と長期的に接点を持つ「営業レター」の活用を！**　100

質問 **35**	ミスをお客様のせいにしてしまいます　102
質問 **36**	会社のアピールのやり方がわかりません　104
質問 **37**	自己紹介文がつくれません　106
質問 **38**	封筒ではなくハガキで送ってもいいのですか？　108
質問 **39**	さらに攻めていいのか迷っています　110
質問 **40**	どうしても「限定○○」になってしまいます　112
質問 **41**	強面なので写真を載せたくありません　114
質問 **42**	どの順番で送ればいいのか迷っています　116
質問 **43**	お客様の資料請求にどう対応していいのかわかりません　118
質問 **44**	手書きでは時間がかかり過ぎます　120

第4章のまとめ いい結果には理由がある、悪い結果にも理由がある　122

第5章 商談・アポイント取得 編

- ◉お客様のテンションを下げない工夫を！　126
- 質問45　次回の商談アポがとれません　128
- 質問46　商談中、お客様が退屈そうにします　130
- 質問47　購入時期が先で話が進みません　132
- 質問48　商談が多すぎて困っています　134
- 質問49　説明し過ぎて失敗します　136
- 質問50　商談がぶつ切りになってしまいます　138
- 質問51　商談中に送る手紙がわかりません　140
- 質問52　いきなり商談がスタートした場合は？　142
- 質問53　ベストな商談場所がわかりません　144
- 質問54　商談しているお客様とアポが取れなくなりました　146
- 質問55　お客様と音信不通になってしまいます　148
- 第5章のまとめ　営業の天才も力めば失敗する　150

第6章 契約・クロージング・アフターフォロー 編

- ◉クロージングを難しくしているのは自分？　154
- 質問56　競合の見積待ちになってしまいました　156
- 質問57　最終段階で何をしたらいいのかわかりません　158
- 質問58　決め台詞がわかりません　160
- 質問59　見積書を出した途端、音信不通になってしまいました　162

| 質問 60 | 早く決断してもらいたいのですが 164
| 質問 61 | 値引き要求に困っています 166
| 質問 62 | 1度も紹介をもらったことがありません 168
| 質問 63 | お客様の声をうまく作れません 170
| 質問 64 | お客様が紹介の約束を守りません 172
| 質問 65 | ニュースレターを送っても紹介がもらえません 174

第6章のまとめ 契約は新たなスタートと考えよ 176

第7章 会社での人間関係 編

⦿ **人間関係に悩んで退職に追い込まれる前に** 180

| 質問 66 | 上司が教えてくれません 182
| 質問 67 | 上司のアドバイスが参考になりません 184
| 質問 68 | 上司からのプレッシャーに耐えられません 186
| 質問 69 | 上司と意見が合いません 188
| 質問 70 | 上司が商談の邪魔をします 190
| 質問 71 | 会社の方針で強引に訪問させられます 192
| 質問 72 | 会社の方針で強引にクロージングさせられます 194
| 質問 73 | 早出してひと仕事したいのにできない 196
| 質問 74 | お客様にハッキリものを言えません 198
| 質問 75 | モチベーションが上がりません 200

第7章のまとめ 合わない上司との上手な付き合い方 202

おわりに 205

第 **1** 章

集客・初回面談 編

 # 営業は「掛け算」で考える

⊙お客さまがゼロなら、他がどんなによくても売上はゼロ！

　この章では「集客」と「初回面談」についての一問一答をご紹介します。

　営業活動において新規のお客様を集める集客は重要です。

　一番悩むところでしょう。

　通信講座の会員さんからも「新規のお客様さえ探せれば何とかなるのですが…」というお悩みを多く聞きます。

　どんなに素晴らしい商品を扱っていたとしても、お客様が集まらなければ営業は成り立ちません。

　営業活動は「掛け算」です。

　どんなに商品が良くても、どんなに素晴らしい営業スキルを持っていたとしても、お客様がゼロでしたら、売り上げはゼロになります。

　逆に言えば新規のお客様を探すことさえできれば、営業活動は上手くいくのです。

　新規のお客様を探すことも重要ですが、それと同じくらいに初回面談（お客様との初めてお会いしたときの接客）も非常に重要です。

　お客様からの第一印象が良ければその後はスムーズに進み、悪ければそこで終わりです。

あなたも嫌いな営業から物を買わないように、お客様も感じの悪い営業とは話を進めないものです。
学生時代の友人や会社の仲間であればその後の行動次第で印象が変わることもあります。
《最初は嫌な奴だと思ったが、付き合ってみると意外にいい奴だ》なんてこともあります。
しかし、営業ではそういったことはありません。
1度嫌われてしまえば、2度とチャンスはもらえないのです。

「集客」と「初回面談」は営業のスタート地点です。
この2つについて悩んでいる営業マンはたくさんいます。
飛び込み営業、店舗型営業、法人営業……などなど。
どのような営業だとしても**集客と初回面談は営業活動において最も大切な要素**になります。

売れる営業マンは《いかにして新規情報を得るか》ということを常に考えていますし、お客様との出会いに関してもとことん考えて工夫しています。
一方、成績が上がらず苦しんでいる営業マンは集客と初回面談を工夫せず苦労しています。

第1章では13個の事例をご紹介しております。
13個の事例からヒントをつかみ、集客と初回面談のお悩みを解決してください。

Chapter 1

質問 1

新規の集客が できません

会社の方針でお客様にお見せする展示場を
建ててもらえません。
どう集客すればよいのでしょうか?

■25歳　男性　住宅営業

私がいる会社には数年前から展示場がありません。お客様にお見せする建物がないのです…。すぐ近くには総合展示場があり、頻繁にイベントを行ない集客しています。

集客方法と言えば、建物がないので「○○キャンペーン」や「限定○棟、さらに今なら○○プレゼント!!」など、ひと昔前のイベントしか思いつかず、はっきり言ってほとんど反応なしです…。

事務所などへの来店は年間1件くらいですし、新規資料はホームページからのカタログ請求くらいで件数も月間1～2件程度です。

このような状態でいったいどうしたら契約がとれるでしょうか?

営業メンバーも次々やめていき、店ではとうとう私1人になってしまいました。上司に相談しても、「展示場は建てない」と言うし、「管理客のランクアップと紹介受注に力を入れろ!」ぐらいしか言いません。たしかに大事なことですが、新規集客がないと今すぐ契約とならないと思います。

今、1人でいろいろ考えたり、悩んだりしていて、くじけそうな毎日です。菊原様、何か良いアドバイスがあれば教えてください。

新規のお客様の情報を獲得するために2つのアプローチを試みましょう

　展示場がなく新規情報もないとのことで、かなりキツイ状況ですね。私も半年間展示場がないことがありましたが、○○さんのほうがはるかにキツイです。さてこの状況からどうするか？

　私でしたら2つのアプローチを試みます。

　まず1つ目はニュースレターやお役立ち情報を作り、オーナー客（すでに契約したお客様）と管理客に1カ月に1回程度送り続けます。すべて郵送にすれば1日か2日でできます。そこから紹介もしくは商談へのランクアップを狙います。

　そしてもう1つは残りの時間をすべて新規開拓につぎ込みます。

　私は飛込み訪問するのがイヤなので、賃貸マンションやアパートなどにポスティングをすると思います。

　会社から許しが出れば、地域新聞に広告をうちます。「2～3年先に家作りをお考えの方が知らないと損する、○○の情報を10名の方に差し上げます」こんな感じのチラシを希望者に配ります。

　資料請求があったら、今度は【メーカー住宅が高い理由】というレポートを一緒に送ります。「総合展示場は月に100万くらい払います。だからその分、あなたの家の料金にのっているのですよ」という内容にします。その後、お役立ち情報を送り続け、商談へとランクアップしていきます。

　時間はかかりますが、1人で考え込むよりいい結果につながります。あれこれ悩む前にできることから手をつけましょう。

質問 2

形のない商品を扱っているのですが…

提案営業のような形のない商品を売るにはどうしたらよいのでしょうか?

■40代　男性　提案営業

　個人、企業の経費節減を提案する営業をしています。

　いろいろと業種を検討してきましたが、今のご時世、人様からお金をいただいて何かを買っていただくというのは非常に難しいことだと思います。しかし、経費を節減して喜んでもらう仕組みでしたら、精神的負担も少なく、やり甲斐もあると感じたからです。

　ただ、これまでの仕事も営業畑だったのですが、訪問営業で断られることのストレスを嫌というほど経験してきました。今回、特に家庭との両立が一番の目標だけに、いかに、ストレスなく、効率よく収入に繋げていくか、が大きな課題だと思っています。

　そのためには、訪問をせずに成果をあげるコツを知る必要があると感じています。

　そこで質問なのですが、私のように、形のない商品の場合はどうすれば成果が出るでしょうか?

　経費を削減する、という提案をするのに訪問せずに認めてもらえるでしょうか?

回答

**無料セミナーで
お客様を集めて、
長期的にフォローしましょう**

　私の会員さんでファイナンシャルプランナーの方がいます。

　その人は年金運用で悩んでいる60代の方を集めセミナーを行なっています。その場で相談のアポイントが取れた人は後日、直接お会いして話を進めます。

　それ以外の人には定期的にお役に立つ情報を送り、信頼関係を徐々に構築していきます。その後、電話でフォローしてアポイントをとり資金運用の契約を取っています。

　そのほかにも、社員教育の研修や社会保険労務士などをされている方もいますが、ほぼ同じ方法です。

　形のない商品はセミナーを入口とし、**定期的にお役に立つ情報を送り、末長くアプローチしてみてください。**

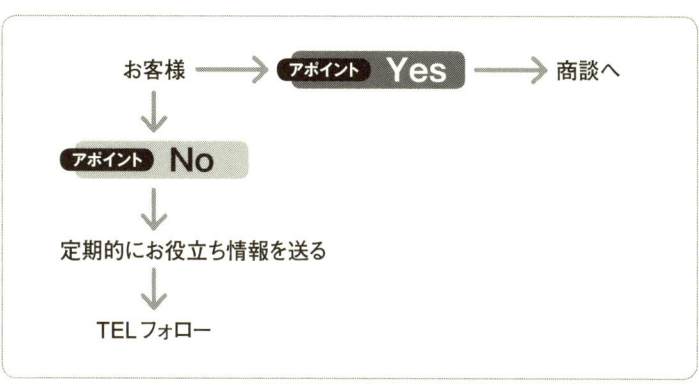

Chapter 1

質問 3

初対面のお客様と世間話ができません

先輩には「世間話をしろ」と言われますが、
上手くできません。
何を話せばよいでしょうか?

■22歳　女性　アパレル会社

　私の会社ではまだ若いのにかなり売上をあげている先輩がいます。

　その先輩はお客様とほとんど世間話ばかりで、商品の話はあまりしないといいます。私も世間話をしようと思うのですが、初対面のお客様とは上手く話すことができません。

　菊原さんは仕事に関係ない話を意識してお客様に話していた、ということはなかったですか?

回答

世間話より、どう役立てるかを考えましょう

その先輩が羨ましいですね。

私も初対面のお客様と友達のように話せる営業を目指していました。でも私はなれませんでした。

その先輩はおそらく営業センスの塊のような人なのだと思います。できる範囲で、先輩のいいところを真似してください。

世間話をしていい結果を出す人もいれば、まったく世間話をしなくても成績のいい人もいます。

私の場合ですが、世間話や雑談は営業成績には直接関係はありませんでした。

また私自身がお客様立場になったときのことを考えると、世間話をされるのはそれほど好きではありません。

とくに床屋さんで話しかけられるのは苦手です。

世間話を上手くできるように努力するのではなく、お客様に本当に役立つ情報を提供してください。

「こちらのオプションは値段が高いだけで使いづらいですからやめたほうがいいです」

といったようなお客様サイドに立った提案ができる営業を心がけましょう。

Chapter 1

質問 4

飛び込み営業の毎日にうんざりです

『土地を活用しませんか?』と声をかけても
誰からも相手にされないのですが、
どうすればよいのでしょうか?

■27歳　男性　土地活用

　私の場合は、土地活用や譲渡依頼で地主への飛び込み訪問することが多いのです。

　したがっていきなり訪問して「土地活用してみませんか?」「土地を売ってください」と言っても、ほとんど話になりません。

　誰からも相手にされない毎日にうんざりです。

　アドバイスいただけたら幸いです。

いきなり飛び込むのではなく、ワンクッション入れましょう

とつぜん飛び込んでもいい結果には結び付きません。

いきなり飛び込むのではなく、ワンクッション入れてから訪問してみましょう。

例えばですが、ハガキサイズの用紙にこのように印刷してポストに入れます。

> 『○○の地域を担当しております、田中一郎と申します。
> 本日の夕方以降にご挨拶させて頂きます。
> ご迷惑であれば訪問はしませんので、こちらの携帯へ
> ご連絡ください』

朝ポストインして、その日の夜に訪問します。

このように**訪問予告するだけでも、シャットアウトされる可能性は低くなります。**

また会員さんの中には2〜3回お役に立つ情報をポストインしてから飛び込みしている人もいます。

今までよりも格段に暖かくむかえてくれるという結果が出ています。ぜひ試してみてください。

冷かし客に困っています

イベントや景品目当てに来るお客様はどう対応すればよいのでしょうか?

■30歳　女性　自動車販売

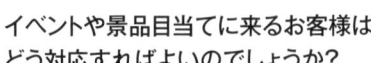

　私の会社では集客のために月に1回程度、イベントを行なったり、来場者プレゼント企画などをしております。

　ただ、こういった企画で集まったお客様は見込みが薄く、追っかけても疲れるだけです。

　菊原さんの経験上、景品や粗品目当てで来場されて、それと引き換えにアンケートを書いてもらったようなお客様から契約が取れたことは、過去に何件ほどありましたか?

　また通常の営業日でも冷やかし客が来店します。

　説明してもほとんど無視されます。

　そのうちに「この粗品はもらえるの?」と言い出し、粗品を渡した途端「参考になりました」と帰っていきます。

　こちらは真剣に営業をしているのに、こういうお客様に出会うとガッカリします。

　何かアドバイスください。

どんなお客様でも大切にフォローしましょう

　私もイベントや景品目的のお客様はたくさんお会いしました。

　私の記憶ですとあまり契約にはなりませんでしたが、ゼロではありません。まったく検討しないように見えたお客様が実はいいお客様だった、ということもよくあります。

　（このお客様はイベントに来たお客様だからなぁ…）
という色眼鏡で見ないようにしましょう。

　私自身はどんなお客様に対しても**お役立ち情報（すでに商品を購入したお客様からのクレーム例、失敗例などの問題点と解決策をセットにしたもの）**を3回は送っていました。3回送った後、「今後もこのような情報が必要でしょうか？」と電話して見極めます。

　そこからいいお客様を拾えたことが何度かあります。**初めから見切ってはなりません。**どんなお客様も大切にしましょう。

Chapter 1

質問 6

接客に
自信が持てません

お客様と接客するときに、
準備したものを見ながら話してもよいのでしょうか？

■24歳　女性　生命保険営業

　私はお客様との接客が苦手です。

　何とかしたいと思い、接客トークの設計図（前もって話す内容を考えたもの）を作ってみました。

　しかし手元にトーク設計図を持って接客しても、それを見るタイミングがわかりません。

　菊原さんが実際に使っていたトークの設計図の大きさはどのくらいでしたか？

　またお客様のところへ伺ったときはどうすればよいのでしょうか？

回答

ハガキ大のトーク設計図を準備しましょう

　接客に自信が持てない場合には、トーク設計図など事前に話すことを準備したほうがいい結果に結びつきます。
　またトーク設計図を見ながら話をしても問題はありません。
　私自身、ハガキ大の大きさのトーク設計図を見ながら話をしていました。

　トーク設計図を見ながら接客しても**不自然ではありません**。
　またお客様のところへ伺ったときは手帳に貼るなど、工夫してみてください。

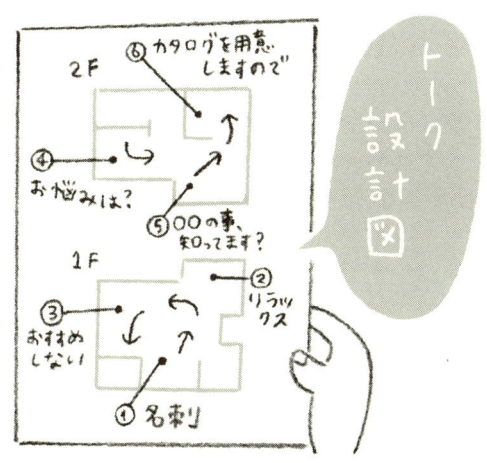

Chapter 1

質問 7

反応が悪いお客様に出会うと落ち込みます

共感してもらえないお客様に対して
どう話を進めていけばよいのでしょうか？

■33歳　男性　マンション販売

　接客トーク設計図（27ページ参照）を作って実践したところ、1つ気付いた点があります。来店してすぐの「こういった展示場は営業マンがぴったり付くので緊張される方が多いのですが、お客様はいかがですか？」という共感トークに、反応が2つに分かれます。

　1つは「そうなんですよ～」や、笑って「あはは、そうですね～」というような、共感パターンです。

　もう1つは「まだ検討してません」とか、「子供が見たいとせがむので」というような、警戒パターンです。途中のいろいろなトークに対しても、ほとんど反応を見せません。

　前者の共感パターンの方はアンケート記入までスムーズに進みます。そして、数年後といった計画スパンで将来はマンション持ちたいとお考えの方が多いのです。

　後者のパターンの方について、すべてが見込み度は薄いと断言するのは危険なので、すべてのお客様に同じように接客しようとは思いますが、後者のようなお客様と出会うと落ち込みます。

　こういった場合、どう考えればいいのでしょうか？

失敗したときは一度姿を
消して、リセットしましょう

　共感いただいた場合はうまく行っているようですね。さらにトークを磨いてください。

　共感トークだけでは警戒心が解けないお客様もいます。私も『共感トーク』をしてもなかなかお客様の警戒心を解けなかったときがありました。

　お客様は営業マンに対して警戒心を強く持っています。冷たくされても気にすることはありません。そんなときも焦らず、共感してもらえるトークを中心にしていくことで、突然話してくれるようになることもあります。**共感トーク1回で諦めないでください。**

　またお客様の前から一度姿を消すというテクニックもあります。

　営業マンが近くにいると、どうしてもゆっくり見れないというお客様もいらっしゃいます。**営業マンが姿を消すことによって一気にリラックスする場合もあります。**

　また自分自身も気持ちがリセットされ、再度トークを試みることができるのです。

　上手くいかなかったときは「ちょっと資料を取ってきますから、こちらをご覧になっていてください」と一度姿を消し、悪い流れを断ち切ってみましょう。

　そして1〜2分後くらいにまた登場して、再チャレンジしてみてください。きっと上手くいくでしょう。

Chapter 1

質問 8

どんな情報を提供すれば いいのかわかりません❓

お客様に資料を渡したいのですが、
どんな情報を提供すればよいのでしょうか？

■45歳　男性　保険の代理店営業

　私は、○○保険の代理店になってくれる個人や法人を募集する営業をしています。

　主に、商店主を対象に、サイドビジネスの事業提案をする飛び込み営業をはじめています。

　お会いして話をできたお客様にお役に立つ情報を提供したいのですが、思いつきません。

　私のような場合「お役立ち情報」というのは、どういうものが考えられるのでしょうか？

　お役立ち情報がないと、新規開拓を進めていくのが難しい面があります。

　先方が代理店になってくれた場合に、先方がその事業で成功するために、具体的に、私が、どういうサポートを先方に提供できるかをお伝えするのが、「お役立ち情報」になるのでは…とも思っていますが、菊原様は、この点、どうお考えになりますか？

　お手数おかけしますが、お知恵を拝借できれば、有難いです。

すでに加入されたお客様にご意見を聞いてみましょう

　一番いいのは、すでに加盟されている方にご意見を聞くのがいいでしょう。
「代理店になる前、一番不安だったことは何ですか？」などと質問すればいいヒントが出てくると思います。

　私の第一印象ですが、代理店というと2点ほど不安な点がすぐに思いつきます。
　まずは代理店というと定期的に費用が発生する感じがします。
　代理店契約の費用はいくらなのか、また、月々にかかる費用はいくらなのかなどということを明確に提示しておくと安心感につながるでしょう。

　また、代理店となる方は、「どのようにお客様を探してくるのか？」ということを不安に感じられるのではないかと思います。
　そのあたりをサポートしてくれる内容を、お役立ち情報として伝えてみてはいかがでしょうか？

　お客様が不安に思っていることをシリーズ化して送ってみましょう。不安をしっかりと解決することを忘れないでください。

質問 9

どう投資家を探していいのかわかりません

ビラ配りのように数をまけば
お客様が探せますか？

■40歳　男性　証券会社営業

　今までは飛び込みのみの営業で、その場で契約し、アフターフォローもない訪問販売のような営業をしていました。
　つい最近、証券会社に転職しました。
　まずは投資家を探そうという段階なのですがターゲットを決めたら、そこにビラ配りのようなバラまくようにチラシを配っても反応はあるのでしょうか？

　またチラシを配ったお客さんは記録したほうが良いのでしょうか？
　お忙しいとは思いますがお返事お待ちしてます。

**シリーズ化したお役立ち情報で
徐々に距離を縮めましょう**

　投資家は1回チラシを配ったらすぐに見つかるというものではありません。

　大事なお金を投資するわけです。

　信用できる人にしか相談しないでしょう。

　時間はかかりますが、こちらからお客様が本当の意味で役立つ情報を送り続けることが大切になってきます。

　人柄を伝えるお役立ち情報をシリーズ化するなど工夫して、**何度も繰り返し送り、だんだんと距離を縮めてください。**

　また記録する件ですが、できれば記録したほうがいいでしょう。

　記録しないと誰に何を送ったのか、わからなくなってしまいます。

　エクセルなどで表を作り管理（管理表は69ページ参照）してみてはいかがでしょうか？

Chapter 1

質問 10

お客様の反応が怖くて訪問できません

新聞に載っているお客様を突然訪問するとうんざりした顔をされますが、
何かよい方法はないでしょうか?

■28歳　男性　エクステリア営業

　私はエクステリアの営業をしております。

　新規客の名簿は主に現場まわりの飛び込みと新聞の確認申請の欄の名前を見て探したりします。

　現場まわりの飛び込みは「近くで工事をしている○○です。工事中ご迷惑かけます」と挨拶だけはできます。

　しかし、新聞を見て訪問する場合はどうアプローチしていいのかわかりません。

　そこで相談ですが、新聞から探したお客様に対してのアプローチのしかたを教えてほしくメールしました。

　訪問するとかなりうんざりした顔をされますし、「どうしてうちの住所がわかったの!」と怒られたりします。

　お客様の反応が怖くて訪問できません。

　何かいい方法を教えてください。よろしくお願いいたします。

回答

いきなり飛びこむのではなく、予告してから訪問しましょう

　○○さんと同じように新聞の確認申請欄を見てアプローチしている営業さんもいらっしゃいます。

　いきなり飛び込んで上手くいったという話を聞いたことはありません。

　そうではなく、予告してから訪問します。

　例えば次のようなハガキを出します。

【○○を見ておハガキを送らせていただいております】

　このように断ってから本題に入ります。

　本題では「売り込みなどはしません」と安心感を与えることも大切です。

　そしてそのハガキの最後に訪問する日を予告します。

【○日の○時〜○時にご挨拶させていただきます】

　お近くに行きますので、とお客様の負担を軽減する文章も加えるといいでしょう。

　ぜひやってみてください。

Chapter 1

質問 11

このままでは
営業を続けられません

一日何件も訪問しなければ見込み客が
見つかりませんし、見つけても契約になるのは
わずかです。何かよい方法はないでしょうか?

■44歳　女性　食品宅配営業

　私の仕事は食材配達の合間に「ポスティングでチラシを撒く」、「飛び込みで営業」といった、基本的には個人宅中心に営業をかけています。

　名簿もありませんからDMを送るわけにもいきませんし、興味のあるお客様を探すのに飛び込みで何十件もしなくてはなりません。

　また、話ができたとしてもそのうち契約まで至るのはほんのわずかです。

　このままでは営業が続けられません。

　何かよい方法はないでしょうか?

回答

その場で契約を取るお客様と、育てて契約を取るお客様の2パターン考えましょう

　通信講座の会員さんの中には食品の営業マンもいらっしゃいます。

　その会員さんは飛び込む前に予告カード（今日の夕方、ご挨拶させていただきます）を入れるという方法を取り入れています。

　予告したほうがお客様も心の準備ができますし、お互い嫌な思いをしなくてすみます。

　訪問してその場で契約が取れる場合もありますが、ほとんどは「話はできたけど、契約までには至らなかった」というお客様でしょう。

　その場で契約にならなかったお客様のフォローがポイントです。

　契約にならなかったお客様に「このような健康にお役に立つ情報を提供しておりますが、必要でしょうか？」と質問してください。「では、送ってください」と言われたお客様に対して定期的にお役立ち情報を送ります。

　2〜3回送ったところでまた予告して訪問してみてください。今までとは比べ物にならないくらい、お客様の対応はよくなります。

　その場で契約を取れるお客様だけではなく、**育てて契約にするお客様へのフォロー**も取り入れてみてください。

　契約を取るパターンを1つ増やすことで突破口が見つけられるでしょう。

Chapter 1

質問 12

飛び込んでも話が進みません

過去に工事をしたお客様へ訪問しているので
ある程度話はできるのですが、話が進みません。
何かよい方法はありますか?

■22歳　男性　塗装営業

　私は塗装屋の営業をしております。
　私は過去の塗装したお客様のリストに対して訪問しております。
　一度工事したということもあり、訪問してもそれほど嫌がられる事はありません。
　しかし、そこから新たに契約に結びつけるところまでにはいかない状況です。

　まずは挨拶いたしましたが、すぐにペンキを塗る必要がないお客様が多く、話が進みません。
　このようなお客様に対して、アプローチの仕方があるのでしょうが?
　今の営業方法は訪問販売一辺倒なので手紙を使った営業を取り入れて行きたいと考えて取り込み始めている段階です。
　なにかアドバイスをください。
　よろしくお願いします。

回答

3回手紙を送ったら1回訪問してみましょう

まずは「この地区を担当している○○と申します」とお客様に挨拶に行きます。そこですぐに塗装に結び付くというのは難しいですが、少し話ができるお客様が出てくると思います。

そのお客様に対して**営業レター**（営業レターとは…お客様に役立つ情報をシリーズ化して定期的に送る手紙のこと。定期的に送ることで接触頻度を高め、営業マンの人柄も伝えていく）と訪問を繰り返します。手紙3回に対して訪問1回くらいのペースでいいでしょう。信頼関係ができれば塗装の話に進むお客様も出てきます。

焦らずじっくりフォローしてください。急がば回れです。

◉レター活用のスケジュール

翌日	お客様にハガキを送る
↓	
3～4日後	お役立ち情報 No.1 ＋自己紹介文
↓	
10～20日後	お役立ち情報 No.2 ＋挨拶文
↓	
30日後	お役立ち情報 No.3 ＋挨拶文　…2カ月以降は月1回のペース
↓	
	電話で見極め
↓	
45～60日後	お役立ち情報 No.4 ＋挨拶文
↓	
	半年～1年間続ける

Chapter 1

質問 13

受付で
シャットアウトされます

法人営業をしているのですが、
訪問しても担当者までたどり着きません。
何かよい方法はありますか?

■30歳　男性　システム管理ソフト営業

　私は法人営業をしております。

　会社に飛び込み、システム管理ソフトを売っていますが、相手にされません。ほぼ受付でシャットアウトされます。

　担当者と話ができることはほとんどありません。

　手紙を活用した営業方法は、法人相手にでも同じやり方で通用するのでしょうか？　お忙しいとは思いますが、是非ともアドバイスをよろしくお願いいたします。

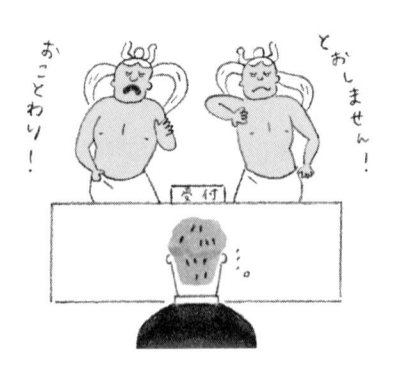

回答

担当者を特定し、お役立ち情報を送りましょう

　通信講座の会員さんのなかには、営業レターで結果を出している法人営業の人もたくさんいます。

　基本的に手紙で継続的に接触を持つという方法ですから、個人も法人も関係なく効果があります。

　ただ法人営業の場合は、手紙を送る相手を特定する必要があります。 受付でシャットアウトされたときはこのように質問してみてください。

「システム管理についてお役に立つ情報を定期的にお届けさせて頂いているのですが、担当者のお名前を教えてください」

　この質問で担当者を教えてもらえることもあります。

　担当者が確定したらお役立ち情報を送ります。

　法人営業の場合はお役立ち情報を送るだけでなく訪問をミックスさせるといい結果に結びつきます（※スケジュールについては39ページ参照）。

　訪問と手紙を組み合わせてアタックしてみてください。

　やみくもに飛び込むより何倍も上手くいくようになります。

第1章のまとめ

お客様の来場者数が減ったときの考え方

　研修で営業マンとお会いしたときのことです。
　こんな悩みを話してくれました。

営業マン「最近はとくに新規客の来場数が減りましてね」
私　　　「そうですか」
営業マン「週末でも1日1回接客できるかどうかです」
私　　　「1回ではキツイですね」
営業マン「1回失敗したら終わりですから、力が入り過ぎてしまいます」

《今週はこのお客様しかない》
と強く思い過ぎるとついつい力が入り過ぎてしまいます。
血走った目でお客様に迫っていいことはありません。
　圧迫感を受けたお客様は今まで以上に営業マンを警戒するでしょう。これでは上手くいくものもいかなくなります。

　また他の研修で、別の営業マンにお会いときのことです。
　似たような悩みだったのですが、少し捉え方が違っていました。

営業マン「最近、めっきり新規の来店が減りまして」

私　　　「そうですか」
営業マン「お陰で１人のお客様に集中できるようになりました」
私　　　「なるほど」
営業マン「以前来場が多いときはちょっとダラけて接客していましたね」
私　　　「確かに５件も６件も接客すると疲れますね」
営業マン「今まで５件に分散していた力を１人に集中できますから、お陰でいい結果につながるようになりました」
私　　　「それはいいですね」

　この営業マンは新規の来場数が減っても契約数は減っていないと言います。
　お客様が減った分、力むのではなく丁寧に接客しているのです。
　こうした考え方の人が結果を出すのだろうなと感じました。
　お客様が減ったとき、《失敗しないように…》とガチガチに緊張してはなりません。もちろん《このお客様を絶対に逃がさないようにするぞ》などと攻めるなんてことは、言語道断です。
　初対面のお客様はそもそも営業マンに対して警戒心を持っています。そこへガンガン迫っても絶対に上手くはいかないのです。
　そうではなく《**今日はこのお客様に自分の持っている力をすべて集中させよう**》と思って臨むようにして欲しいのです。

　今は長引く不況の時代です。
　新規のお客様が増えている会社などほとんどありません。
　結果の出ている人は少ないお客様を大切にし、結果を出しています。お客様の少なさを嘆くのではなく、出会えたお客様を大切にしましょう。

Chapter 1

おさらい 集客・初回面談 編

- 新規のお客様情報を獲得するために2つのアプローチを試みる
- 無料セミナーでお客様を集めて、長期的にフォローする
- 世間話より、どうお客様のお役に立てるかを考える
- いきなり飛び込むのではなく、ワンクッション入れる
- どんなお客様でも大切にフォローする
- 接客には、ハガキ大のトーク設計図を準備する
- 失敗したときは一度姿を消して、リセットする
- お役立ち情報のネタは、すでに加入されたお客様にご意見を聞いてみる
- シリーズ化したお役立ち情報で徐々に距離を縮める
- いきなり飛びこむのではなく、予告してから訪問する
- その場で契約を取るお客様と、育てて契約を取るお客様の2パターン考える
- 話が進まなければ、3回手紙を送って1回訪問してみる
- 受付を越えるには、担当者を特定し、お役立ち情報を送る

第2章

訪問・アプローチ 編

訪問することで自分の価値を下げない!

◉訪問以外のアプローチ、
　または属性によって方法を変える

　多くの営業マンは顧客リストを元にお客様に訪問活動をします。
　もしくはエリアを区切り、飛び込み訪問している人もいるでしょう。
　過去の私も一日中訪問活動をしていました。
　時々休憩をはさみましたが、朝の9時30分から夜の21時まで訪問していたこともあります。
　アポイントでもあればいいのですが、ほとんどはアポなし訪問です。
　どんなに長時間頑張ったとしても、上手くはいきませんでした。
　疲れるだけで何の成果も上げられなかったのです。

　今のお客様はアポなしで訪問されることを嫌います。
　法人営業で訪問すればうっとうしがられます。時には「二度と来るな!」と怒鳴り飛ばされることもあるでしょう。
　無理もありません。相手は仕事中です。
　自分の仕事で手いっぱいのときに「近くに来たものですら、お寄りしました」と営業マンが訪問してきて邪魔されたらどうでしょうか?
　誰だって、頭にくるのは当然のことなのです。

法人ではなく個人のお客様へ訪問するときも同じです。

個人のお客様だって暇ではありません。

掃除、洗濯、夕飯用意、子育て…などなど。

毎日の家事で時間に追われています。

子供を寝かしつけて《さぁ、これからゆっくりしよう》と思ったときに玄関のチャイムが鳴ります。

そのチャイムで子供が泣き出したとしたら、どうでしょうか？

訪問してきた営業マンに対して冷たい態度を取るのも無理はないのです。

また訪問はお客様から嫌われる以外にもデメリットがあります。

１番怖いのは**訪問することで自分の価値を下げること**です。

訪問することでお客様からは「こんな時間にアポなし訪問してきて、どうせ売れない営業マンなんだろう」という印象を持たれてしまうのです。

これではせっかく実力があったとしても、お客様からは評価されません。

「アポなし訪問は嫌われることはわかっているが、それ以外の方法がないんだ！」という人もいるでしょう。

また会社から強制的にさせられている場合もあります。

第２章はそんなお悩みを持っている人に特に役立ちます。

訪問以外のアプローチ方法やお客様の属性によってアプローチ方法を変えるなど、いろいろなケースをご紹介しています。

自分と近い例を探して、訪問活動のヒントを見つけてください。

Chapter 2

質問 14

会社が
無名なのですが…

企業として信頼を得る前に個人を
アピールしても意味がないと思いますが、
どうなのでしょうか？

■23歳　女性　住宅営業

　私の勤める会社は○○ホームという、お客様にとってはほとんど知らない無名の会社です。

　私としては、「無名の会社では、いくら頑張っても信頼してもらえないのでは？」と不安を感じています。

　そこで、安心できる会社だと知ってもらう営業レター（39ページ参照）を送ろうかなと考えています。

　企業として信頼を得る前に個人をアピールしても「胡散臭い」と思われるのではと不安です。

　もしかしたら、営業レターの結果が得られない原因ではないかと感じています。

　以上よろしくお願い致します。

> 回答
>
> ## 個人で勝負できる営業マンになりましょう

会社が有名か無名かどうかは関係ありません。
北海道で頑張っている会員さんは社長と奥様と営業スタッフの3人の会社です。
いま営業レターで結果を出しています
先月は1人で3棟の契約を上げています。

なぜお客様は全国に何万人という社員がいる大手メーカーではなくて3人の会社を選ぶのでしょうか？
お客様はその営業マンを好きになったからです。営業レターを活用し、人柄を伝えたことでいい関係を構築したのです。

私の指導先の会社は、住宅業界に11年いた私でも知らない住宅会社です。その会社の営業マンも結果を出しています。
○○さんには個人で勝負できる営業マンになって欲しいと考えています。営業レターでお客様と信頼関係を築き、いい結果を出してください。

質問 15

担当者に会えないのですが…

毎日アポなし訪問をしていますが、
ほとんど話ができません。
どうすればよいのでしょうか？

■30歳　女性　オフィス機器のリース営業

オフィス街で会社を訪問してオフィス機器のリース先を開拓しております。

午前中に訪問すれば「会議中」と言われ、午後は「担当者は外出しております」と言われます。

そもそもアポなし訪問がいけないのでしょうが、アポを取ることなどできません。

仕方がなく訪問するのですが、どんな時間に訪問しても相手にされません。

また受付でシャットアウトされ、担当者に会えないのですが、どうすればよいのでしょうか？

アドバイスください。

回答

ツールを活用して
アプローチしましょう

　会社へのアポなし訪問は辛いですね。

　アポなし訪問では担当者にも会わせてもらえず、なかなか相手にされないものです。そんなときはツールを使わずに体当たりするのは得策ではあません。

　ツールを活用してアプローチしてください。

　私の会員さんは法人に対してこのようにアプローチしています。

　まずは受付で「○○の商品を扱っている○○会社の○○です」自分のことを簡単に伝えます。

「○○に役立つ情報を送りたいのですが、担当者のお名前を教えて頂けますか？」 と聞いて担当者を確定します。

　その後、定期的にお役立ち情報を送ることで、担当者に覚えてもらいます。

　ころあいを見て「○日の夕方、そちらの方面へ行く用事がありますので、ご挨拶に伺います」と予告してから訪問します。

　アポなしで何度も体当たりするより、ずっと上手くいくようになります。

　ぜひお試しください。

質問 16

年配者にも訪問しないほうがいいですか?

アポなし訪問は良くないと思いますが、50代、60代のお客様にも訪問しないほうがいいのでしょうか?

■24歳　男性　信用金庫勤務

　今のお客様は訪問されることを嫌います。

　特に若い世代のお客様は訪問していていいことはありません。

　菊原さんの本にもアポなし訪問が今のお客様にマッチしないとありますが、50代、60代のお客様に対しても同じことが言えるのでしょうか?

　若い世代の人たちは確かに突然の訪問を嫌がるかもしれませんが、ご年配の方々は足繁く通ってくれる営業マンにお願いするような気がしています。

　いわゆる「情」というものでしょうか。

　私が住んでいる地方都市ではその傾向が強いような気がします。

　ご年配のお客様に対しては営業レターによるアプローチは有効なのでしょうか?

　菊原さんのご経験ではいかがでしたか?

　是非教えてください。

> **回答**
>
> ## 訪問を完全に否定しているわけではありません

『訪問しないで売れる営業に変わる本』というタイトルの本を出していることもあり、まったく訪問をしないように思われます。

私は訪問を完全に否定しているわけではありません。

実際50代、60代のお客様に対して訪問した結果、契約に結び付いたケースもあります。

年輩のお客様を何度も訪問したことで「菊原さんは息子のようだね」などと言われて可愛がられたこともありました。

そういった年輩者のお客様に対しては訪問も有効です。

何度も訪問したことで情が湧き、買ってもらえる。

しかしこういった話をよく聞いたのは10年以上前です。

今の50代、60代の方もスタイルが変わってきています。

「50代、60代だから何度もアポなし訪問したほうがいい」という固定概念はやめましょう。

訪問してもいいかどうかをよく見極めて、訪問してください。

Chapter 2

質問 17

せっかくご来店頂いても不在のときがあります

不在時にお客様が再来します。
何かいい方法はありますか?

■38歳　男性　住宅営業

　営業レター(39ページ参照)を送ったお客様に再度来場していただけることが増えてきましたが、展示場に突然お見えになることが多いです。

　前もって電話いただければいいのですが、お客様はなかなか連絡してくれません。

　結局、私が不在のときに来ることが多く、チャンスを逃してしまいます。

　何か対策はないのだろうか?と、考えていたところです。

　対策を教えていただければ、幸いです。

> **回答**
>
> 再来のお客様の
> チャンスを絶対に逃さない
> 工夫をしましょう

　再びご来店いただくときは連絡していただく必要性を加えます。例えば『土曜日でも全員外出してしまうとお店を閉めてしまうことがあります。ご来店の際は一度私の携帯にご連絡いただけると助かります』と、お客様が電話をする必要性を伝えます。

　これだけでもだいぶ違ってきます。

　しかし、お客様の中には思いつきでご来店される方も少なくありません。「そうだ！　ここの営業マンからよく手紙をもらっているから行ってみよう」と、再度来店される場合もあります。

　そのお客様を逃すのはもったいないことです。そうならないように、営業所のメンバーに「私のお客様がまた来店したら、必ず携帯に電話してください」とお願いしておくのです。

　戻れる場所にいる場合は、「いまお店まで20分で帰れるところにいますので、お店の中でゆっくりしていてください」と答えます。どうしても戻れないときは理由を伝え、その日の夕方もしくは夜にアポイントを取ります。

　向こうから来たお客様がアポイントを拒む理由はありません。お店に戻れなくても、必ずアポイントは取ってください。**再来したお客様のチャンスは絶対逃さないでほしいのです。**

　再度来店したときに担当の営業マンがいないと、お客様は「縁がなかった」と思ってしまいます。

　このチャンスを逃していると営業レターの威力は半減します。

質問 18

塩漬けリストの
アプローチの
仕方がわかりません

お客様が減りアプローチする先がありません。
何かいい方法はありますか?

■26歳　女性　新車販売

　私は訪問したり接客したりするのは苦手なほうではありません。

　女性ということもあり、あまりひどい断られ方はされないし、訪問しても玄関を開けてくれないなど警戒された経験はあまりありません。しかし最近は、ショールームへの来場者数が減って名簿が少なく苦労しております。

　新規名簿は営業レターのランクアップ法（第4章参照）を実践しようと思っています。

　ただ、現状は新規客数があまり期待できないので、今持っている名簿の中からもランクアップさせていかなければならない訳です。

　私の名簿の中には、新人の頃、右も左も解らない状態で接客してその後チラシを送るぐらいしかフォローしていなかったお客様や、不定期にアポなしの訪問で顔を出していた方などが多いのです。

　このような塩漬けに近い名簿（中には辞めていった営業マンからの引継ぎなどでお会いしたことのないお客様などもいます）を、営業レターを利用しながらランクアップできますでしょうか?

　また効率良く印象づけられる方法も教えてください。

> **回答**
>
> お役立ち情報を持って訪問しましょう

　塩漬けになった名簿を活かす方法ですね。
　訪問して嫌がられることがないのでしたら、お役立ち情報No.1を持って訪問してもいいでしょう。
「こういった資料を、毎月お送りさせていただきますが、必要でしょうか？」
　このようにお客様に投げかけてください。
　もしNOであればそのお客様はリストから削除します。
　このようにアプローチしてみてください。

　また効率良く印象づける方法ですが、ツールを利用することです。
　たとえば「資料を送ってもいい」とYESを頂けたお客様に対しては、100円ショップなどで購入したクリアファイルを渡して、
「よろしければこのファイルに資料を保管してください。いっぱいになる頃には車選びのバイブルになりますから」
といって渡します。
　収納できるケースがあると情報を保管しやすくなります。
　このファイルによってあなたの印象づけられるようになります。

　塩漬けリストにもいいお客様がたくさん眠っています。
　アプローチしていいお客様をたくさん見つけてください。

Chapter 2

質問 19

女性というだけで相手にされません

雑談はできるのですが、話が進みません。
やはり女性では仕事の話にはならないのでしょうか?

■23歳　女性　オフィスレンタルコーヒー営業

　お客様へアプローチして雑談などフランクに話すことはできます。

　初めて訪問した会社の社長と2時間以上も話し込むこともよくあります。

　しかし、いざビジネスの話になるとお客様にうまくごまかされてしまい、話が進みません。

　上司からは「面談時間が長いのにどうして結果に結びつかないんだ!」と活を入れられます。

　やはり女性ではお客様から信用を得るのが難しいのでしょうか?

　アドバイスください。

回答

相手を見きわめる
質問をしてみましょう

　これは女性に限ったことではありません。

　経験の浅い営業マンが暇な主婦の暇つぶしの相手にされてしまうこともよくあります。

　私自身もよく経験しました。

　毎回1時間も2時間も雑談するのですが、話はまったく進みません。時間を使うだけで、結局他社に決まるのです。

　お客様と話しているときに（これは暇つぶしの相手にされているのでは）と思ったときは**相手を見極める質問をしてみるのも1つの方法**です。

　たとえば私の場合は住宅営業をしていましたからお客様に対して「ところで今のお住まいに何かお悩みでもあるのでしょうか？」と質問します。

　またこのように雑談の途中で「○○に関して何かお困りの点はございますか？」と質問してもいいでしょう。

「別にないです」というお客様は真剣に検討していない場合がほとんどです。

　その場合は早めに切り上げて、営業レター（39ページ参照）でのフォローに切り替えます。

　検討段階がまだ進んでいないお客様は商談時間を長くとるのではなく、**情報を提供してお客様を育てるアプローチをしましょう。**

質問20

若造では高級商品は売れないと思います…

マンションは人生で最も高い買い物です。
そんな高級商品を私のような若造でも
売れるのでしょうか？

■23歳　男性　マンション販売

　私は今年入社したばかりの若手社員です。会社には20代は少なく、30代から40代の社員が多いです。時々私は「自分のような若手にマンション売りづらいのではないか？」と思うことがあります。

　マンションは人生で最も高い買い物です。そんなものを私のような若造が売れるのか疑問です。

　結婚もしていなければもちろん子供もいません。お客様との共通点が少ないため会話に詰まることも多いのです。

　そこでお客様に可愛がられることだけを特に意識してきました。

　お客様に会えたとしてもそれは奥様だけであり、きまって「主人と相談してみます」やら「まだ具体的でないので」など話が進展しません。

　訪問してあまり嫌がられないことが若手の武器なのだと思います。

　そして上司も訪問を強要します。

　営業にも年齢に合った売り方があると思うのですが、菊原さんはどのようにお考えになりますか？

回答：若さのメリットを最大限に活用しましょう

結論から言えば、若い営業マンでもマンションは売れます。

23、24歳くらいで年間10棟以上住宅を契約する営業マンもいます。私自身も若い頃（22～25歳）は何度も訪問して契約をいただいていました。何も知らなかった私は「とにかく行動するしかない」と考えていたからです。

その熱意が伝わったのか、まったく知識と経験のない私からも何人かのお客様は私に家作りを任せてくれました。

お客様の中には《新人営業マンが好み》というお客様も存在しています。思い返してみれば、そういった契約ほとんどは50代以降でしかも世話好きのお客様だったのです。

「菊原君は息子と同じ年なんだね」と言われ可愛がられました。

しかし、若いお客様はそうではありません。**アポイントなしで訪問されたら、欲しいものでさえ買うのを止めます。**

訪問するなと言っているわけではありません。

特に○○さんのように若い営業マンは年配の方からは好かれます。

そのメリットは最大限に活用してください。

また**上司や先輩の力を借りることも大切です。**わからないときや商談のポイントで上司に同行してもらうなど、自分以外の力も活用するように心がけてください。

질問 21

担当エリアが変わりました

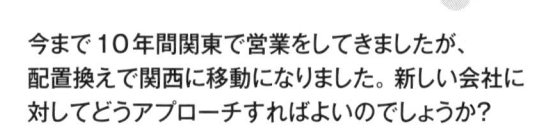

今まで10年間関東で営業をしてきましたが、配置換えで関西に移動になりました。新しい会社に対してどうアプローチすればよいのでしょうか?

■33歳　男性　雑穀米販売

　4月の配置換えで10年間働いていた関東から関西へ異動になりました。

　今まで管理してきた会社リストを放出して新しいリストをもらいました。取引のある会社以外ははっきり言って、全然内容がわからない会社ばかりです。

　リストは100件近くあります。

　ある程度内容がわかっている会社に対しては適切な資料を提供したり、アプローチすることはできます。

　新しいリストのほとんどの会社に正直手を出せていない状態です。

　同じ状態だったら、菊原さんの場合、どうやってはじめますか?

　まず、会ったことも、話したこともない会社の担当者に対して何から手をつけていきますか?

　すみませんが、アドバイスください。

> **回答**
>
> 担当変更を伝え、
> お役立ち情報を送りましょう

　もし、○○さんのような立場でしたら私は100件の会社へ手紙を出します。
　担当が変わった内容を伝えます。

「先月まで○○がお世話になっておりましたが、今月からは私○○が探担当させていただきます」

　そして、雑穀を選ぶ上で役立つ情報を送ります。その後、**1〜2回お役立ち情報を送った後、訪問して挨拶に行きす。**
　場合によっては電話で「今後もこのような資料が必要でしょうか？」と聞いて見極めをします。
　このようにアプローチしてみてはいかがでしょうか？
　ご参照ください。

Chapter 2

質問 22

アプローチしても商談へ進みません

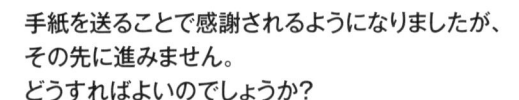

手紙を送ることで感謝されるようになりましたが、
その先に進みません。
どうすればよいのでしょうか?

■44歳　男性　生命保険営業

　営業レター(39ページ参照)を続けています。
「いつもためになる資料をありがとうございます」
と反応は良いのですが、そこから商談に持ち込むのに苦戦しております。

　お客様をどう商談へランクアップをどのようにされていたのかお聞かせいただければと思います。

　これが最大の問題点なのですが郵送で資料を送っていますと、お客様と直接話すことができずコミュニケーション不足を感じます。

　いろいろと工夫しておりますが思うような結果が出ておりません。

　菊原様は同じように思ったことはないのでしょうか?

　営業レターでコミュニケーション深め、自然に商談に進めることは可能なのでしょうか?

　ぜひアドバスください。

　よろしくお願い申しあげます。

回答

手紙を送る前と後に電話してみましょう

　通信講座の会員の中には営業レターと電話を組み合わせている人もいます。

　たとえば**お客様へご案内の手紙を送る前**に「○○のご案内をお送りしてもよろしいですか？」という電話をします。

　今までお役立ち情報を送っていたわけですから「いや」というお客様はまずいません。

　そこで話ができそうなお客様とは会話を続け、アポイントにつなげます。積極的ではないお客様には余計なことを言わず、電話を切ります。こうしてお客様と直接コミュニケーションを取ります。

　また電話して感じがよかったお客様に対して、**ご案内を送った後**に「効率よくお金を貯める方法という勉強会がありますが、いらっしゃいませんか？」と電話します。

　これで勉強会などにランクアップする確率は上がります。

　またコミュニケーションを深める方法ですが私自身は営業レターだけで取っていました。

　例えばお客様とお会いしたときの情報を覚えておいて手紙に一言メモするのです。

「お子さんは元気に幼稚園に行っていますか？」と**一言プライベートな内容が入ると印象は変わってきます**。

　そのような積重ねにより、商談へと進むようになります。

　ご参照ください。

Chapter 2

質問 23

きつい断りを受けました

非常に迷惑というメールを頂きました。
営業レターの方法に迷ってしまいました。
どうすればよいのでしょうか?

■27歳　男性　医療機器営業

　営業レター（39ページ参照）を活用してからお陰様で、問い合わせの電話があったり、メールがあったり売り上げも少しずつ出てきました。

　ありがとうございます。

　この調子で飛び込みで、営業レターを隣の町などにも配り始めているのですが一件、きつい断りメールが届きました。

　内容は「このような情報は非常に迷惑。勝手にポストに、入れるな！」というものです。

　とても落ち込みました。

　でも中には本当に楽しみに待っていてくれる方や、感謝してくれるお客様もいます。

　このメールで、この方法がほんとにいいのか迷ってしまいました。

　何か良いアドバイスはないでしょうか？

回答

楽しみにしてくれる人にフォーカスし、イヤなお客様はすぐに忘れましょう

「非常に迷惑」だなんて、辛い思いをしましたね。

私も家に呼ばれ「こんなものを送ってくるな！」と1時間説教されたことがあります。

何百人に1人くらいはそういった人もいます。

そういったお客様は忘れましょう。気にしないのが一番です。私の場合は仲間に笑い話として話し、すぐに気分を切り替えました。

どんないい本でもアマゾンのレビューには酷評する人が現れます。

著者は酷評する1人よりも喜んでくれる多くの人にフォーカスするのです。

○○さんの場合にはすでに楽しみにしてくれている人や喜んでくれる人がいます。

そういった人のほうが圧倒的に多いということを忘れないで欲しいのです。

これらかも営業レターでお客様をフォローして結果を出してください。

質問 24

フォローするお客様が増えて困っています

お客様を1年間フォローしようと思いますが、
数が増えていきます。
何件くらいがベストでしょうか?

■39歳　男性　広告営業

その場で決めるお客様より、長期のお客様をフォローするのが重要だと私は考えます。

1年間のフォローを考えて営業レターを送ろうと思っています。

今現在75名のお客様のリストがあり、このままでいいのか気になっています。

お役立ち情報3回を送ったところで「今後も必要ですか?」と見極めのTELはするのですが、嬉しいことに欲しがるお客様がかなりいます。

このままではどんどんフォローするお客様が増えそうです。ある程度増えたところで切ったほうがいいのでしょうか?

また、理想の手持ち客の数はどのくらいがベストなのか教えてください。

アドバイスいただけたら幸いです。

回答

見極めができていれば無理に切ることはありません

　扱っている商品によって異なりますが、会員さんの多くは50～100名くらいのお客様を管理しています。

　毎日3～5通のペースで営業レターを出していれば十分フォローできます。

　3～5通でしたら、5～10分でできます。

　きちんと見極めをしているのであれば、無理に切ることもありません。隙間時間を利用して、少しずつ出してください。

　ただ数が100名を超えるようでしたら、エクセルで表などを作り管理すると便利です。

　下のイラストをご参照ください。

第2章のまとめ

アプローチで結果を出す人、出さない人

営業研修をしていたときのことです。

休憩時間に参加者の1人が営業レターについてこんなことを言ってきました。

39ページでも説明しましたが、営業レターとは一言で言えば、**お客様にとって本当に役立つ情報をシリーズ化して長期間にわたって送るものです。**

参加者A「半年前から営業レターをはじめましてね」
私　　　「そうですか」
参加者A「はじめはほとんど反応がなかったのですが、途中から電話と訪問を組み合わせるようにしまして」
私　　　「それでどうですか？」
参加者A「それからは商談客をずいぶん探せるようになりました」
私　　　「それはよかったですね」

営業レターを送りっぱなしにするのではなく、電話や訪問を有効的に組み合わせていると言います。

さらに同封する挨拶文に「明日の夕方、お電話させて頂きます」と予告してからの電話や訪問が功を奏していると言うのです。

こうして自分で工夫しながら実行している人は結果を出します。

一方、そうでない人もいらっしゃいます。
同じ研修の参加者で、こんなことを言っていた人もいました。

参加者B「営業レターを続けましたが、上手くいきませんね」
私　　　「そうですか」
参加者B「本に書かれた通りしましたが、ダメでした」
私　　　「はい」
参加者B「やっぱり時代のせいですかね」
私　　　「……そうかもしれません」

　何かを学んで実行すること自体は素晴らしいことです。
　しかし、言われた通りに少し実行してみて、できなければすぐに止めてしまう。
　さらには、**人のせい、時代のせい**にしたのではもったいないのです。こういった人が結果を出したという話を聞いたことがありません。

　ここでご紹介した営業マンAさんと営業マンBさんには力の差はありません。むしろ営業マンBさんのほうがイケメンで爽やかですから、お客様うけはいいはずです。
　しかし、結果を出しているのは営業マンAさんなのです。
　どんなときでもノウハウを勉強し、自分にあったやり方を見つけていく。
　そういった人が結果を出します。
　あなたもAさんのような営業マンになってください。

Chapter 2

おさらい

訪問・アプローチ 編

- ⊙ 会社が無名でも、個人で勝負できる営業マンになる
- ⊙ ツールを活用してアプローチする
- ⊙ 特定の年代に対するイメージなど、固定概念を取り去る
- ⊙ 再来のお客様のチャンスは絶対に逃さない
- ⊙ 塩漬けリストには、いちばんいいお役立ち情報を持って訪問する
- ⊙ 買う気があるかどうか、相手を見きわめる質問をしてみる
- ⊙ 若さのメリットを最大限に活用する
- ⊙ 担当変更を伝え、お役立ち情報を送る
- ⊙ 商談へのひと押しは、手紙にひと言メモを添える
- ⊙ 楽しみにしてくれる人にフォーカスし、きつい断りはすぐに忘れる
- ⊙ フォロー数が増えても、見極めができていれば無理に切ることはない

第3章

電話・メール・ネットでの問い合わせ 編

情報化社会に求められる営業マンとは？

◉警戒心の強いお客様への対応の仕方

　第2章では、主に訪問活動のお悩みの一問一答を紹介してきました。

　今は景気のいい時代ではありません。

　一軒一軒訪問するほどの人材がいない会社も少なくありません。

　となるとどうしても電話でのアプローチやメールでのやり取りも増えてきます。

　電話やメールの技術が求められる時代なのです。

　またひと昔前のお客様は、見込み度が低くても営業マンの前に現れたりしました。

　いわゆる"冷やかし客"といわれるお客様です。

　ひと昔前は詳しい情報は営業マンから仕入れるしか手段がありません。

　ですからフラッと現れ、話だけ聞いて去っていきます。

　今現在、そうしたお客様は激減しています。

　今は**情報化社会**です。

　ネットで検索すればほとんどの情報が手に入ります。

　わざわざ、危険を冒してまで営業マンの前に現れる必要がありません。

　ですから現代のお客様はかなり検討度が高まらないと営業マン

の前には現れないのです。

　お客様は商品に興味を持ったとき、まずは電話やメールで接触してきます。
　いわゆる資料請求や電話での問い合わせです。
　例えばお客様から資料請求のメールを頂いたとします。
　そのメールに対して、
「資料請求ありがとうございます！　さっそく今から資料をお持ちいたします！」
とガンガン攻めたらどうでしょうか？
　そのお客様は警戒心を強め、二度と姿を現さなくなります。
　ときには電話しただけで「資料はいりません！」と断られることもあります。

　電話、メールで接触してくるお客様は警戒心が強く、まだ検討度もあまり高くありません。
　そのときの対応を間違えれば、本格的に検討するときに別の営業マンに声をかけてしまうのです。
　そうならないように**ソフトに対応することが大切**です。

　第3章では電話、メール対応に関する一問一答を11個紹介しています。
　事例を見てぜひ参考に電話、メール対応のスキルをアップさせましょう。

質問 25

電話が極端に苦手です

お役立ち情報を送るかどうかの見極めをするときは電話でないとダメでしょうか？
電話が苦手で困っています

■25歳　女性　アパレル会社営業

　お役立ち情報を送っているお客様に対して見極めの方法ですが、
「今までお役立ち情報をお送りしてきましたが、今後も必要でしょうか？」
と、確認の電話を入れるというのがありましたが、電話でないとダメなのでしょうか？
　私は電話が極端に苦手です。
　お手紙で返事の回答を求めるのはダメなのですか？

> **回答**
>
> # 手紙でもかまいませんが、特定の人には電話をしましょう

　手紙でもかまいません。
　手紙で「今後も必要でしょうか？」と記述する方法もあります。私自身も電話が苦手だったため、実のところほとんど電話はしていませんでした。
　しかし私の場合、ある特定の人にだけ電話していました。

　例えば、
・資料請求から得た情報、他の営業マンから引き継いだ情報（一度もお会いしていないため状況がわからない）
・キャラクターショーを目的として来店されたお客様
・名前と住所だけはわかるがそれ以外はわからないお客様
　などのお客様に対して電話で確認していました。

　電話の目的は、お役立ち情報を送る必要のないお客様を切るためです。
「何とか気にいってもらおう」と思って電話すると緊張しますが、「必要ないお客様を切るために電話しよう」と思うと電話しやすくなります。
　売り込みではなく見極めるだけと考えて、電話をしてみてはいかがでしょうか？

質問 26

手紙（営業レター）だけではもの足りません

手紙でお客様をアプローチしていますが、
長年の癖もありましてもの足りません。
電話してもいいのでしょうか？

■44歳　男性　機械部品営業

　最近のお客様は警戒心が強く、訪問や電話を受け付けません。

　ということもあり、営業レター送付ステップ（39ページ参照）を踏んでいくカタチを取っていこうと思います。

　しかし営業レター以外に攻めの営業はしないほうが良いのでしょうか？

　長年攻めの営業をしてきたため、訪問か電話で何かフォローしないと個人的に落ち着きません。

　アドバイスください。

回答

売り込みではなく確認の電話をかけましょう

　訪問や電話営業を否定しているわけではありません。

　営業レターを直接届けるという方法もありますが、場合によっては上手くいきます。

　そのときは訪問してもいいお客様かをよく見極めてください。

　仲良くなったお客様や50〜60代のお客様には訪問してもいいでしょう。

　また電話が得意でしたら、もちろん電話でのフォローをしても構いません。

　ただし**売り込みの電話はやめてください。**

　その後の営業レターがすべて機能しなくなります。

　もし電話するのであれば、

「○○という情報をお送りしましたが、届いているでしょうか？アパート番号がハッキリしなかったので確認のためご連絡しました」

　このような確認の電話がお勧めです。

　またイベントの案内などを送る前に「○○のご案内をお送りしてもよろしいですか？」と電話してもいいでしょう。

　このような電話でしたら嫌われにくいですし、話の流れでアポイントが取れるかも知れません。

　また、手紙の中で「来週の木曜日の夜に一度お電話させていただきます」と予告しておくのも効果的です。

Chapter 3

質問 27

電話番号が わかりません

最近はアンケートに
電話番号を書くお客様が減りました。
どう見極めたら良いのでしょうか？

■36歳　男性　新車販売

接客後にアンケートを書いていただくと、電話番号が未記入の場合があるかと思います。

またネット経由で来た情報にはほとんど電話番号がありません。

書いてあったとしても携帯で、電話しても出ないのです。

これではテレアポが取れません。

菊原さんはそんなお客様にどのようにしていましたでしょうか？
教えてください。

> **回答**
>
> 見極めるための手紙を
> 同封しましょう

　最近は電話番号を書かないお客様が増えました。
　20代のお客様はもはや固定電話を持っている人のほうが少ないようです。
　また携帯にはナンバーが表示されるため、知らない番号の着信には出ません。
　テレアポが非常にやりにくい時代になりました。

　私は電話番号のわからないお客様でも3～4回お役立ち情報を送りました。その後、必要かどうか見極めます。電話番号がわからない場合は「水曜日の夕方にお伺いさせて頂き、お役立ち情報が必要かどうかだけお聞きします」と伝えて訪問してもいいでしょう。
　訪問できない場合は、お役立ち情報とともに手紙を同封します。

　お客様の見極め方法ですが、二通りあります。
　手持ちの情報が多く、整理したい場合は、
『今後、このような情報が必要なときはこちらへご連絡ください』
との手紙をお役立ち情報に同封します。
　手持ちの情報を大切にしたい場合は、
『今後、このような情報が必要無い場合こちらへご連絡ください』
とすればいいでしょう。
　ご参照ください。

質問 28

郵送コストが
かかり過ぎます

郵送で何かを送るとコストがかかります。
メールならコストはかかりませんが、
どうなのでしょうか?

■47歳　男性　システム導入の営業

　訪問に限界を感じまして、営業レターのフォロー(39ページ参照)を実行しています。お客様から「役立ってますよ」などと言われ、効果を感じています。しかし、毎月100人以上のお客様に送るのは、コスト的に厳しいというのが正直なところです。

　同じような情報を、メールで送ってはいけないのでしょうか?
　メールならばほぼ無料ですし、コストもかかりません。
　菊原さんはメールで情報提供していなかったのですか?

> **回答**
>
> ## 2割の「いいお客様」には郵送で送りましょう

　私自身はお役立ち情報をメールでは送っていませんでした。

　その理由ですが、メールは毎日たくさん届くからです。

　私のうちには毎日100〜200通のメールが届きます。(迷惑メールも多いのですが)

　その中に【お役立ち情報】というメールが送られてきても、まず見ません。

　開封して印刷する、なんてことはあり得ないのです。

　その点、**郵送物はがら空き状態です。**

　郵送で情報提供したほうが何倍も印象に残り、効果があります。

　とはいえコストの問題もあります。

　その場合には2割のいいお客様には郵送で送り、その他のお客様に対してメールで提供するというのはいかがでしょうか？

　もしくは1度郵送したら2回メールで提供するなど、組み合わせてもいいでしょう。

　ご参照ください。

Chapter 3

質問 29

電話しても
アポがとれません

毎日アポを取ろうと電話をしていますが、
断られてばかりです。
何かいい方法はありますか?

■22歳　男性　住宅営業

　毎日のようにお客様に電話をしています。

　しかし、断られてばかりでまったくアポイントが取れません。

　菊原さんは電話で様々な工夫を凝らしてアポイントを取得し、契約を取っていたのではないかと思います。

　その際にどのようなことを意識して、どんな切り口でアポイントを取っていましたか?

　私の場合、お客様から言われるのは「まだ先ですので」や「具体的でないので」「忙しい」「こちらから連絡します」などで、なかなか上手くいかず困っています。

　テレアポの本を読んで実践しても、商品が家なだけにお客様をなかなか動かせません。

　アポイントを取りたいのなら、私のような若手営業マンは訪問のほうがよろしいのでしょうか?

　お忙しいなか大変恐縮ですが、アドバイスの程宜しくお願い致します。

回答

ハードルの低い
レスポンスレターを
送りましょう

　電話はお客様に伝える手段が声だけなので、訪問より難しいかもしれませんね。

　私自身は電話が大の苦手ということもありアポイントを取るための電話はほとんどしませんでした。

　その代わりに営業レターを送り続け、お客様から声がかかるのを待ちました。

　逃げ回るお客様を仕留めるのは非常に難しいのです。

　とにかくお役立ち情報でしっかりと信頼関係を築くことが大切です。その後、ハードルの低いレスポンスレター（こういった資料がありますから必要でしたらお声かけくださいという手紙）を送ってみてください。

　きっと、声をかけてくるお客様はいるでしょう。

　それをきっかけに商談へのランクupをしてください。

　お客様のほうからこちらへ向かってくれば営業活動は信じられないほど楽になります。

　テレアポという難しい方法より、お客様からお声をかけてもらえる工夫をしましょう。

質問 30

ハガキを出して電話しても相手にされません

資料請求があったお客様にお礼状を出し、電話していますがことごとく断られます。どうしたらよいのでしょうか?

■23歳　女性　マンション営業

ネットやハガキで資料が欲しいというお客さんに対して、

「資料請求をいただき誠にありがとうございます。さっそく資料を添付させていただきます。
　当社は、安全性、快適性、デザインにこだわって設計されていますので、きっと満足していただける住まいになると思います」

というような文の手紙を送った後、週末是非モデルルームに来てくださいという電話をしています。
　しかし、ほとんどが、「今忙しいので」とか「少し興味があっただけなので」とことごとく断られます。
　何かアドバイスいただけますでしょうか?

回答

まずは相手に自分を知っていただくことを心がけましょう

挨拶文を拝見したところ、私の見解ですが、
『安全性、快適性、デザインにこだわって設計されていますので、きっと満足して頂ける住まいになると思います』という文章には売り込みを感じます。
(しつこくされそうだ)とお客様は感じているかもしれませんね。

お客様はまだあなたのことをよく理解していません。
知らない営業スタッフから、いいとか満足してもらえると言われても、お客様は信じないのです。
まずはあなたのことを知っていただくために自己紹介文(107ページ参照)を送ってください。
その後「○○に役立つ資料もご用意しておりますから、よろしければおこしください」といったような、気軽に来店されるようなトークをしてみてください。
「何とかしてアポイントを取るぞ」と力めばお客様は逃げます。
まずは自分を知っていただくこと、そしてお客様のお役に立つことを考えてください。
遠回りのようですが、一番の近道になります。

Chapter 3

質問 31

アプローチする前に他社に取られてしまいます

資料請求があったお客様に対して電話すると
すでに他社に決まっています。
直接訪問したほうがいいのでしょうか？

■30歳　女性　損害保険営業

相談ですが、ネット反響でのアプローチ方法についてです。

営業レターでフォローする前に問題が発生しています。

今まで資料請求後、即日に資料を郵送し資料が届いた2～3日後に電話をかけて、ヒアリングやアポをとろうとしていました。

ところが最近、その間に、あるいは電話が数日間つながらない間に同じ会社の他部署の営業と接触していまい、お客様を他の営業に取られる状況がいくつかでてきました。

計画を具体的に考えている希少なお客様を失うのはもったいなく感じています。しかし、「資料請求しただけだから、まだ具体的には考えていない」と答えるお客様が多数いるのも事実です。

今、資料請求後12時間以内に電話をかける、というのが部署のルールになっています。いきなり電話をかけてひかれるのも困るし、時間がたってから電話をかけて、あるいはつながったらいつの間にか他社で検討している、という状況も好ましくありません。

部署では資料は郵送ではなく、訪宅で持って行ったほうがいいのでは？という意見も出てきています。アドバイスをお願いします。

> **回答**
>
> 一瞬でも接点を
> 持つようにしましょう

「言い訳の電話」という方法があります。

資料資料をもらったら、確認の電話をします。
「資料請求をいただきましたが、地番の後にアパート名があるのではないかと確認の意味でお電話しました」という感じです。

話ができそうでしたら少しヒアリングします。

すぐ検討したいというお客様でしたら、いろいろと要望を言ってきます。

また話の流れで資料を直接持って行ってもいいでしょう。

迷惑そうでしたら、「確認できましたので資料をお送りします。何か不明点がございましたら私○○へお声かけください」と電話を切ります。

たとえ一瞬だとしてもこのように電話することで接点を持つことができます。

こうすれば同じ会社の人に取れられるという悔しい思いはしなくてすむでしょう。

質問 32 ホームページからの資料請求の対応に困っています

ホームページからの資料請求が
ここ最近増えています。
どんなやり方をしたらよいのでしょうか？

■27歳　女性　ハウスメーカー営業

　私はハウスメーカーで営業をしていますが、ホームページへ資料請求があると、本部からエリア別に分かれて、私の手元に名簿が届きます。

　名簿には『いつ、どのカタログの資料請求があったのか』が記載されています。その資料請求に対するお礼メールは本部からお客様へ自動的に送られるようになっています。

　最近このような名簿の取得が増えてきていますが、
・エリア担当としての挨拶文をまず送るべきなのか？
・エリア担当としてメールを送るべきなのか？（本部からもお礼メールが送信されています）
・資料が届いたかどうかの電話を入れてしまって良いものなのか？
　色々試していますが、なかなか上手くいかず困っています。

　最近、このような形での新規名簿の取得が増えてきておりまして、今後も増えるのだろうと思います。

　菊原先生のアドバイスをご教授いただければ幸いです。

　何卒よろしくお願い申し上げます。

回答

警戒心の強いお客様には じっくりフォローを

　私もホームページ経由の資料請求のお客様には苦労したものです。本社からは「すぐにカタログを持って行け」と言われますし、持って行ったところでお客様反応は極端に悪かったのです。

　よくよく考えてみれば当たり前です。ホームページからネットで**資料請求してくるというのは、より警戒心が強いということ**です。ですから突然訪問したり、電話をしても逆効果になることが多いのです。だからと言って何もしない訳にはいきません。

　こういったお客様は、手紙と電話、訪問を組み合わせてフォローしましょう。

　まずはメールとハガキを送り、自分が担当ということをお伝えください。その後資料を送ります。

　資料の中に「こういったお役立ち情報を定期的にお届けします」と書いた挨拶文を同封します。

　その後、第3〜4号を送ったところで電話します。
『他にも○○という資料があるのですが、お送りしてもよろしいでしょうか？』このように探りを入れてもいいと思います。

　資料請求のお客様は他社の営業マンもうまくフォローできていません。丁寧にフォローすれば、きっといい結果が出るでしょう。

質問 33

メールの問い合せはすぐに音信不通になってしまいます

メールだけの問い合わせも増えています。
ただ情報を送るとすぐに音信不通になるのですが、
どう対応すればよいのでしょうか？

■33歳　男性　IT営業

　お客様で、メールのお問い合わせが最近多くありますが、ご住所がわかる場合は、普通に郵送でアプローチできます。

　しかし住所がわからない場合は、メールでデータを添付したほうがよいのでしょうか？

　実はメールだけのお客様は情報やデータを送ると、その後音信不通になる場合が多くどのような対応がよいのか迷っています。

　ご意見願います。

　よろしくお願いいたします。

> **回答**
>
> 情報提供とともに「安心してもらえる言葉」を添える

　メールだけで問い合わせをしてくるお客様は、非常に警戒心の強いお客様です。

　いわゆる検討段階に入っていないお客様です。

　この手のお客様は営業マンに対し、ちょっとでも売り込みのにおいを感じればすぐさま逃げていきます。

　そして2度と現れないのです。

　まずは警戒心を解くことだけに集中してください。

　途中まで何か情報提供して「もう少し詳しい情報が必要でしたら郵送でお送りさせて頂きます」という方法もあります。

　そのときは必ず、

「必ず郵送でお送りします」

「こちらからお電話することもありません」

などの安心させる言葉を書き加えてください。

　ご参照ください。

Chapter 3

質問 34

1回きりの
お客様の対応に
困っています

1度ご連絡頂いたお役立ち情報を送っていますが、
必要かどうか見極めたいのですが、
何かいい方法がありますか？

■30歳　女性　健康食品営業

　よくあるお客様で、1回きり連絡があっただけでそのあと電話には出てくれない、メールにも返信がない、というお客様がけっこういます。

　そのためにお役立ち情報に取り組んでいますが、長期間お役立ち情報でフォローしているお客様で、何も反応のない方にはどのようにすればよいのでしょうか。

　せめてもうすでに買ってしまったのかどうかだけでもわかればと思うのですが。

　訪問はできれば避けたいので郵送で購入してしまったのか確認したいと思っていますが、まず無視されると思います。

　何か上手い見極め方法はありますか？

回答

> 予告してから
> 電話で確認してみましょう

　見極め方法ですが、挨拶文で、
「来週の○曜日に今後お役立ち情報をお送りしてもよいかということをお聞きするためにお電話いたします。どうぞよろしくお願いします」
というように電話することを予告をします。

　それから電話をかけてください。
　会員さんの中には「000-0000-0000の番号でお電話します」と予告する人もいます。
　このようにすれば電話に出てくれるお客様も増えるでしょう。
　長く送っているお客様に関しても同じです。予告してから電話して購入したかどうかを確認してください。
　どうぞよろしくお願いします。

第3章のまとめ

できる営業マンは メールの勉強をしている

　通信講座の会員様とメールのやり取りをしていたときのことです。この会員さんは成績のいい人です。レベルの高い質問を多く頂きました。

　メールのやり取りをしていて《この人のメールは本当に読みやすいなぁ》と感じていました。

　適度に改行され、非常に読みやすかったのです。

　メールについて質問してみると「メールについては勉強していますから」という答えが返ってきました。

　今はお客様とメールのやり取りが多くなりました。

やはりできる営業マンはメールの勉強をしているのです。

　一方、物凄く読みにくいメールを送ってくる人もいます。

　改行はなく、文字がぎっしり詰まっています。

　開封した瞬間に《うわ！　見にくいなぁ》と思います。

　会員様からでなければまず読みません。

　さらには宛名がなかったり、署名がなく誰から送られてきたのかわからないメールも届きます。

　これが会員さんではなく、営業マンからだったらどうでしょう？

　どんなに能力がある営業マンからだとしても、まずいい印象は持ちません。欲しかった商品ですら、メール対応でいらなくなる

こともあります。

　以前、研修先でお会いした営業マンもこのようなことを言っていました。この営業マンはやはり成績のいい人です。

営業マン「メールは会話と違って形に残りますからね」
私　　　「確かにそうですね」
営業マン「読みやすさと、意味を間違って取られないように気を
　　　　　つけています」
私　　　「何か勉強されているのですか？」
営業マン「勉強ってほどではありませんが、メールの本を少しだ
　　　　　け読みました」
私　　　「そうですか」
営業マン「営業で使う分には本に書かれている本の一部だけ勉強
　　　　　すれば十分ですよ」
私　　　「確かにそうですね」

　この営業マンは以前メールで痛い目にあったと言います。
　意味の取られ方の違いでトラブルを起こし、お客様に激怒されたと言うのです。
　会話では許されても文章では許されないこともあります。それ以来、メールについて学び、今では得意分野になったのです。

　分厚いメールの本を何冊も読む必要はありません。1冊の基本部分だけでも、読んで取り入れてください。それだけでかなりレベルアップします。メールの基本的な知識、スキルは身につけてお客様に対応しましょう。

Chapter 3

おさらい 電話・メール・ネットでの
問い合わせ 編

- 見極めは手紙でもかまわないが、特定の人には電話を
- レターで足りないときは、売り込みでなく確認の電話を
- 電話番号がわからない場合、見極めるための手紙を同封する
- 2割の「いいお客様」には郵送で送る
- アポが取れないときは、ハードルの低いレスポンスレターを送る
- ことごとく断られるとき、まずは相手に自分を知っていただくこと
- ネットでの反応には、一瞬でも接点を持つようにする
- 警戒心の強いお客様にはじっくりフォローを
- 情報提供とともに「安心してもらえる言葉」を添える
- 一見さんかどうかは、電話を使って確認する
- 上司に「電話しろ」と言われたら、住所確認の電話をする

第**4**章

見込み客の
ランクアップツール編

お客様と長期的に接点を持つ「営業レター」の活用を！

◉ダメ営業マンからトップ営業マンになった方法

「商談のテーブルまでつければ何とかなるのですが」という人は少なくありません。

お客様を商談客にランクアップするために、いろいろな努力をします。

訪問活動もその1つです。

その他にもいろいろなことを考え実行します。

会社ではお客様を商談客まで引き上げるためにチラシをまいたり、キャンペーンを企画するでしょう。

また**営業マン個人でもハガキや手紙を送ったりして工夫**したりします。

私自身、訪問活動をやめてアプローチ方法を営業レターに変えたことでダメ営業マンからトップ営業マンになりました。

私は営業レターを活用することで、結果が出せるようになったのです。

9割以上の営業マンは、見込み度の低いお客様を長期的にフォローする手立てがありません。

むやみに訪問や電話をすればお客様から嫌われます。

それは前章での事例を見てもらえばご理解いただけます。

お客様と**長期的に接点を持つには訪問ではなく、電話でもなく、お客様が好きな時間に見られる営業レターが一番**と考えています。

　営業レターは郵送物ですから、全国どこでも80円で資料を送ることができます。
　営業マンの人件費と交通費を考えればコストは格段に低く抑えられます。
　しかし、まったく効果のない営業レターを送っていたのでは意味がありません。
　お客様が開封せずに捨ててしまうのでは、お金の無駄ですし、地球の資源の無駄になります。
　せっかくお客様に送るのでしたら、効果がある方法を取り入れたいものです。

　私は通信講座で営業レターの添削サービスをしている関係もあり、会員さんから多くの営業レターを送って頂きます。
　多くの事例を見ていることもあり、《この営業レターはお客様から反応があるだろうな》もしくは《これはダメだろうな》ということがよくわかります。
　その違いについてもこの章の一問一答を読むことでご理解頂けると思います。
　ぜひ事例からいいアイデアを学び、お客様を効率良くランクアップしましょう。

質問 35

ミスを
お客様のせいに
してしまいます

お役立ち情報を作ろうと思っています。
自分を悪く見せたくないのでクレーム例を
お客様のせいにしてもいいのでしょうか？

■24歳　男性　住宅営業

　お役立ち情報の内容は商品のアピールではなく、すでに購入したクレーム例のほうがいいと思っています。

　早速、お役立ち情報を作成して、1回目を送っています。

　お客様から出たクレーム集を2つほど作ったのですが、どうしても、クレームが出た場合の話だと自分を悪く見せたくないので、最終的にはお客様のミスのような書き方をしてしまいます。

　例えば、タンスが入らなかったクレームについては、お客様が私たち業者に寸法を計らせてくれなかったからだという具合です。

　これで良いのでしょうか？

　菊原さんの場合はどうだったのでしょうか？

回答

心からお客様のために なりたいという気持ちで 作成しましょう

いい質問ですね。営業レターの核心部分かもしれません。

タンスが入らなかったという失敗は私にも何度かあります。しかしそれはお客様のせいではありません。
お客様は素人です。
プロのアドバイスが必要になってくるのです。
どのようなケースでもお客様のせいにしてはなりません。

また仮にお客様が寸法を計らせてくれないから、という理由を他のお客様に伝えてしまったらどうでしょう。
○○さんならそのような営業レターが送られてきたらどう感じますか？
お客様と信頼関係が築けていないと感じるでしょう。

いろいろと事情があるでしょうが、絶対にお客様のせいにしてはなりません。
営業レターとはお客様と信頼関係を築くものです。
「心からお客様のためになりたい」という気持ちで作ってください。

Chapter 4

質問 36

会社の
アピールのやり方が
わかりません

自己アピールはできますが、
会社の良さを伝える方法がわかりません。
何かいい方法はありますか?

■33歳　男性　リフォーム営業

　リフォームの飛び込み営業をしています。
　自分のアピールは営業レター（39ページ参照）や挨拶文などでできます。
「最近、こどもと将棋をしている○○です」
「5キロ痩せて嬉しい○○です」
「週末は地域の活動に参加している○○です」
などと自分の人柄をお客様に伝えられるようになりました。

　しかし会社の良さを伝えようとすると、
「当社は天然素材を使っております」
「他社より10～20％以上安く部材が入荷できます！」
「創業13年の実績があります」
などとなってしまい、どうしても宣伝のニオイが出てしまいます。
　アドバイスいただけないでしょうか。
　よろしくお願いします。

> **回答**
> スタッフや職人さんのことを
> エピソードと共に伝えましょう

　会社のいい点を伝えようとするとどうしても売り込みの臭いが出てしまい、お客様から警戒されがちになります。

　通信講座の会員さんのなかに、個人でやっている工務店さんで成功例があります。

　職人さんや設計の人の紹介をお役立ち情報でお客様に伝えます。

いい点、悪い点も隠さず伝えます。

「クロス貼り職人の山田さんは職人には珍しくお客様とのコミュニケーションを取るのが大好きな人です。ただお客様と話し込み、作業が遅れがちになるのが玉にきずですが…」

というような感じです。

お客様は会社のデータより、その会社にどんな人がいるかに興味があります。

　会社のデータではなく、会社にいる社員の特徴をエピソードで伝えてください。

　お客様はいい印象を持ってくれます。

　可能な範囲でやってみてください。

質問 37

自己紹介文が つくれません

お客様に自分自身を伝えることは大切だと思いますが、自己紹介文を作れるネタがありません。何かやり方はありますか？

■25歳　女性　健康食品販売

　お客様に自分のことを知ってもらうために、毎回の挨拶文で徐々に自分のことを自然に文章にいれています。

「炭水化物抜きダイエットを始めた○○です」

「犬を飼おうと本気で考えている○○です」

　これでお客様には少しずつ私のことが伝わってきている感じです。

　とはいえ、まだまだお客様との距離は縮まっていません。

　やはりもっと自分のことを深く掘り下げた自己紹介文を一個作って送ったほうがよいでしょうか？

　菊原さんが営業をしていたときに「自己紹介文があったからよかったんだ！」と実感したような体験があったら教えてほしいです。

　自分には自己紹介文の良いネタになるような体験がまるでないので困ってます。

　アドバイスください。

回答

自己紹介文は
3つに分けて考えましょう

　毎回の挨拶文で自分のことを伝えていればお客様にはあなたの人柄が伝わっていきます。

　他の営業マンはそういった自分のことを伝えませんから、それだけでも効果はあるでしょう。

　ただ自己紹介文は無いよりはあったほうがいいです。
「自分には自己紹介文の良いネタになるような体験がまるでない」と言っていましたが、誰にでもそれぞれオリジナルのいいエピソードはあります。

　ただ思い出せないだけです。

　自己紹介文は3つに分けて考えるとやりやすくなります。

①今まで自分がしてきたこと（小学～高校時代はどんな子供だったのか？）
②どうして今の営業をしようと思ったのか？
③お客様に感謝されたことや喜ばれたことは？　また実績は？

　このように分けて思い出すと書きやすくなります。まずは自己紹介文のネタをたくさん書きだしましょう。

　私は自己紹介文を送ったお陰で、お客様から信頼を得ることも数多くありました。

　ぜひ自己紹介文を作ってくださいね。

Chapter 4

質問 38

封筒ではなく
ハガキで送っても
いいのですか?

封筒よりハガキで送ったほうが
効果があると思いますが、どうでしょう?
また直接投函してもいいのですか?

■30歳　女性

「お役立ち情報」ですが、A4サイズの用紙2枚を封筒で送っています。

これと同じ内容を印刷してハガキで送ってもよいのでしょうか?

封筒ですと開封されずに捨てられる可能性がありますが、ハガキならば見られないまま捨てられることはなくなります。

またお役立ち情報だけではないのですが、お客様に送る資料は直接投函したほうが「開封されずに捨てられる(つまり中身を一切見ない)」ということはないとは思うのですが、どうでしょうか?

アドバイスを頂けますと幸いです。

回答

お役立ち情報簡易版として
ハガキで送ってみましょう

　確かに**ハガキは何も見ないまま捨てるお客様はほとんどいない**ものです。
「誰からだろう？」「何が書いてあるのだろう」とチラッとは見ます。
　お役立ち情報をそのままＡ４サイズにするというのもいい手かもしれません。

　ただ、お役立ち情報は「問題点」と「解決策」に分かれていますから、ハガキ１枚にまとめて送るのはスペース的に難しいのです。
　お役立ち情報簡易版としてちょっとした情報を伝えるのでしたら、ハガキでも可能です。
　ぜひやってみてください。

　また時間の余裕ある場合は、直接お客様宅のポストへ投函してもいいでしょう。
　そのほうが見てくれる可能性は高くなります。

第4章　見込み客のランクアップツール編

質問 39

さらに攻めていいのか迷っています

資料請求の連絡をもらったお客様には、もう一歩突っ込んで攻めても大丈夫ですか?

■39歳　男性　コンピューターシステム営業

「お役に立つ資料を差し上げます」というレターに反応があったお客様に対しては当然、資料をお送りしますが、それと一緒に「もしよければ提案書もお作りします」という別のレターを送るというのはどう思われますか?

せっかく反応をいただいたので、より具体的に検討しそうなお客様にはもう一歩突っ込んで検討してもらいたいと思ったのがこの質問をさせていただいた理由です。

やはりこれは攻めすぎですでしょうか?

> **回答**
>
> どうしても
> ランクアップさせたいときは
> 前フリ電話をしてみましょう

　他のレターを同封することは、攻めすぎではありません。
「資料が必要」と連絡した途端、直接訪問され２時間も一方的に説明されたらお客様はひきますが、レターで伝えるのでしたら問題ありません。
　いい方法だと思います。

　またどうしてもお客様をランクアップさせたいときは電話をかけるのも１つの手です。
　電話といっても売り込みやアポ取りではなく、送る前の確認の電話です。
「○○の資料と一緒に提案書の案内もお送りしてもよろしいですか？」
　こう言って「ダメです」というお客様はまずいません。
　こうした確認の電話からアポイントが取れる場合があります。
　ぜひやってみてください。

Chapter 4

質問 40

どうしても「限定○○」になってしまいます

キャンペーンの企画を任されたのですが、
どうしても最後は「限定○○」になってしまいます。
なにかいいアイデアはありますか？

■26歳　男性　新車販売

現在、営業スタッフだけでキャンペーンの内容を考えています。対象は新規に来店されたお客様を中心にする予定です。

所長が営業スタッフに任せてくれたので、お客様の視点で考えたものができそうです。

しかし1つだけ問題があります。

それは最後が結局「限定○○台」になってしまうことです。

キャンペーンなので「限定○○台」でも営業スタッフ側は違和感がないのかもしれません。でもどのメーカーも同じことを訴えているので、お客様は「また限定だ」と思ってしまうことも事実です。

とはいえ良い案が浮かびません。

具体的に購入計画のあるお客様の背中を押せるような言葉はありますか？

良い案が浮かぶ方法だけでも構いませんので教えてください。

回答 キャンペーン価格で提供できる理由を伝えましょう

「限定○○台」でもやり方によっては効果があります。

その場合、**キャンペーン価格で提供できる明確な理由が必要に**なります。

例えば、限定10台でしたら、
「限定10台の商品に関しては10周年の記念価格として会社から援助がありまして特別価格にてご提供することが可能です」

もしくは、
「購入後のアンケートに実名でお答えいただくことが条件となっております」
などと特別価格が実現できる理由をお話しします。

このように限定の理由をお客様にわかりやすく明記してください。お客様が納得できる理由であれば反応は良くなるでしょう。

またキャンペーンを告知する前に一部のお客様に先に送ります。
『この手紙は以前ご来場いただいた○○名の方だけに、いち早くお知らせさせて頂いております』

ポイントとして《**あなたは特別です**》というイメージを与えることです。

こうすることでいい結果に結び付くこともあります。

質問 41

強面なので写真を載せたくありません

私は人から強面だと言われます。
顔写真ではなく似顔絵でもいいのでしょうか?

■55歳　男性　機械部品卸営業

　飛び込み営業の際に営業レター(39ページ参照)は使っているのですが、その場合も顔写真は貼り付けたほうがいいのでしょうか?

　それとも、一度でも面談してからでしょうか?

　また写真ではなく、似顔絵でも構いませんか?

　私は強面なほう(と人からよく言われます)でして、写真を載せることに抵抗を感じています。アドバイスください。

> **回答**
>
> 子供、犬、猫の力を
> 借りましょう

　飛び込み営業であっても、**営業レターには必ず顔写真を付けてください。**

　そのほうがお客様には親近感がわきます。

　似顔絵の件ですが、本人を知らないお客様に似顔絵を送っても意味はありせん。

　似顔絵ではなく、必ず写真にしてください。

　また強面ということですが、**デジカメで10〜20回取るうちに感じのいいショットが撮れるようになります。**

　会員さんの中にはお子さん、お孫さん、飼っている犬や猫と一緒に写真を取っている人もいます。

　そうすることでさらにいい表情で写真が撮れるようになります。

　可愛いキャラクターの力を借りてみてはいかがでしょうか？

質問 42

どの順番で送ればいいのか迷っています

お客様にお役立ち情報を送ろうと思っていますが、1～3回目までは内容を厳選したほうがいいでしょうか？

■35歳　女性　社会保険労務士

私は社会保険労務士をしております。

資格を取ってもお客様を探すことができず、困っていろいろ試してみました。

近くの会社を訪問して名刺を配ったり、テレアポもしました。しかし、どれもうまく行きませんでした。そもそも職業柄、訪問すると自分の価値を下げてしまう感じがします。

そこで営業レターでお客様をランクアップしようと考えています。

お役立ち情報をNo.1、No.2、No.3（スケジュールは39ページ参照）と出そうと思うのですが、菊原様はこの3つの内容を厳選されて送られていましたでしょうか？

お客様に送り始めは重要だと思うので、いいネタを提供したほうがいいのではと思っています。

それとも、あまり考えず内容はどのネタでもよいのでしょうか？
教えてください。

> **回答**
>
> お役立ち情報よりも
> 挨拶文の内容を
> 厳選してください

　私自身はお役立ち情報のネタは厳選していたわけではありません。「こういう失敗例は起こりそうだね」というような、お客様に共感していただけるものを送っていました。
　お役立ち情報の最大のポイントはシリーズ化です。
『この他にもいろいろな役に立つ情報が続きます』といったイメージをわかせられれば、ネタの内容はそんなに吟味しなくてもいいでしょう。
　むしろ考えすぎて送らないというほうが問題です。
　まずは出すことを重視してください。

　また、内容を厳選するのでしたら、挨拶文の内容を厳選してください。
　通信講座の会員さんで結果を出している人は、お役立ち情報ではなく「挨拶文」が上手に作れています。
　挨拶文の書き出し部分、つまり自分を伝える文章（最近、○○にハマっている○○ですという文章）を自分のベスト３にしたほうが効果は高くなります。
　お役立ち情報ではなく、挨拶文に力を入れてください。

質問 43

お客様の資料請求に どう対応していいのか わかりません

お客様から「資料が欲しい」と連絡がありました。
どのように対応すればよかったのでしょうか?

■28歳　男性　システム管理ソフト営業

　先日お役立ち情報を送付した所、「さらに詳しい資料がほしい方はご連絡ください」という記述に、1件反応がありました。

　携帯電話へ直接連絡がありまして、「必要なので送って欲しい」と言われたのです。

　初めての経験だったので、あわててしまいました。

　とりあえず「本日送付いたしますので、お役に立ててください」とお受けし、質問などもいっさいしませんでした。

　よく考えてみたら、資料請求していただいたお客様への対応をまったく考えていませんでした。

　実際どのように対応していけばよいのでしょうか?

　アドバイス宜しくお願いします。

回答

電話をもらったときは アポイント取得のチャンスです

　反応があったときはアポイント取得のチャンスです。

　特に直接電話がかかってきた場合はお客様もやる気になっていることが少なくありません。

「資料はさっそくお送りさせていただきますが、**もしご迷惑でなければ会社にお届けしてもよろしいですか？**」
と聞いてみます。

　その際に「今日の午後、そちらの方面へ伺うものですから」とお客様に負担に思われない一言を付け加えることも大切です。

　向こうから電話してくれたのです。このくらいは聞いても大丈夫でしょう。

　この方法でアポイントが取れることもよくあります。
　ぜひ次回からお試しください。

質問 44

手書きでは
時間がかかり過ぎます

手書きで送ったほうがいいのはわかります。
ただそこまでの時間はありません。
どうすればよいでしょうか?

■40歳　男性　税理士

　営業レター（39ページ参照）は直筆が良いと思うのですが、自己紹介文なども直筆で書いたほうがよいのでしょうか?
　ただ手書きでは時間がかかり過ぎで、できません。

　例えば「多くのお客様に出すときなどはパソコンで打っておいて、どこかに直筆でコメントを入れる」というような方法でもいいのでしょうか?
　基本的に使いまわしで行く部分は印刷で、それぞれお客様にあてる文章は直筆でというつもりでいれば良いでしょうか?
　手書きのメッセージを書くのは最初のハガキのみでいいのでしょうか?
　菊原さんの場合、どうでしたか?

> **回答**
>
> 手書きで書く必要はありません
> ただし宛名は
> 手書きで書いてください

　すべての手紙は印刷で構いません。ただし宛名は手書きで書いてください。

　もちろん手書きに越したことはありません。

　ただ営業マンは他の仕事がたくさんあります。

　1日中、事務所で手紙を書いているわけにはいきません。

　基本的にすべての営業レター（お役立ち情報、自己紹介文、ハガキ、挨拶文）はパソコンから印刷したもので構いません。

　ハガキも自筆で書く必要はありません。

　固定の文章に吹き出しを作っておき、そこへ自筆で一言書けばいいでしょう。

　ただしできれば宛名は自筆で書いてください。

　タックシール（プリントされた宛名）で送ると開封されずに捨てられる可能性が高くなります。

第4章のまとめ

いい結果には理由がある、
悪い結果にも理由がある

　通信講座の会員さんからよく営業レターの質問を頂きます。中でも多いのはこのような質問です。
「お客様から反応を得られる内容を教えてください」
「いいキャッチコピーはありますか？」
「カッコいい表現や言い回しはありますか？」
　などです。
　章のはじめでもお話したとおり、せっかくお客様に送るのでしたら、効果がある営業レターを送りたいものです。
　営業レターの内容がいいか悪いかの答えはお客様が教えてくれます。**お客様からの反応という形で答えが出るのです。**

　営業レターを出しているといい反応があるレターと悪いレターに分かれます。反応がいい営業レターは問題ありません。何度出してもいい結果が出ます。ですから繰り返し使えばいいのです。

　ここでお話ししたいのは、結果の良くない営業レターについてです。私は反応の悪いダメレターを専用のファイルに保管していました。**お客様からの反応が悪いのにはキチンと理由があるのです。**出したときはまったく気付かないことも、少し時間が経つと見えてくる場合があります。

ダメレターにはいくつかの共通点があります。
　まずそのほとんどが読みにくく、見づらい営業レターです。96ページでもお話ししましたが、読みにくいメールからはいい印象を受けません。それと同じように、読みにくい手紙からもいい印象を受けないのです。

　また、売り込みの内容や誘導が強すぎる内容になっている営業レターも反応が悪いことがわかりました。
　「○○がお勧めです！」といったような売り込みが強い内容はお客様から敬遠されます。
　作っているときは極力売り込みの内容を書かないように注意するのですが、知らず知らずのうちにしてしまっているのです。
　これも時間がたって冷静な目で見るとはっかりわかります。
　いいレターを分析する以上にダメレターからは重要な気付きが得られることもよくあります。

　いいにいい理由があり、ダメにはダメな理由があります。
　これは営業活動全般に言えることです。
　ダメ営業マン時代の私は犬も歩けば棒に当たる的な考えで、ほとんど感覚で営業をしていました。ですから、成績はまったく安定しなかったのです。
　その後、結果が出るようになった私は自分を客観的に分析するようになりました。
　分析することで《**営業レターを出す数がいつもより30％少ないから今日から少し増やそう**》などと、対策が見えてきます。
　こうすることで結果が出せるようになるのです。
　自分自身を客観的に分析して結果を出しましょう。

Chapter 4

おさらい 見込み客のランクアップツール 編

- 心からお客様のためになりたいという気持ちで作成する
- スタッフや職人さんのことをエピソードと共に伝える
- 自己紹介文は3つに分けて考える
- お役立ち情報簡易版として、ハガキで送ってみる
- どうしてもランクアップさせたいときは前フリ電話をしてみる
- キャンペーン価格で提供できる理由を伝える
- コワモテの場合、子供、犬、猫の力を借りる
- 順番に迷ったら、挨拶文の内容を厳選する
- 電話をもらったときはアポイント取得のチャンス
- 宛名は手書きで書く

第5章

商談・アポイント取得 編

お客様のテンションを下げない工夫を！

⦿落とし穴に落ちず、お客様の信頼を深める方法

商談といっても、いろいろなタイプがあります。

◎お客様から要望をヒアリングする
◎お客様の要望について詳細打ち合わせする
◎お客様から伺った内容を提案書にして提出する
◎要望をすべて反映させた見積を提出する

などなど。
　商談の初期段階のヒアリングから商談終盤のクロージングまで幅広くあります。各段階で、さまざまなミスや落とし穴が待っています。

　商談で一番問題になるのは商談が続かず、商談自体がなくなってしまうことです。
　商談が途中でブッツリ切れてなくなってしまうのには理由があります。
　お客様は営業マンと対面しているときは購入しようとテンションが上がります。
《この際だから新しい商品にしよう》
《よっし！　このシステムを導入して、会社をよくするぞ》

などと前向きに考えてくれます。

しかし、次の商談まで時間が空いてしまうとお客様の購入へのテンションは下がります。

日常の生活に戻れば仕事やプライベートで忙しくなります。《よくよく考えてみたらそんなに必要じゃないなぁ、面倒くさいから、検討するのを止めよう》と思いだしたりします。

そして前日に「やっぱり、止めます」とアポイントをドタキャンされるのです。

そうならないために、**何らかの方法でお客様の購買へのテンションを下げない工夫が必要**になってくるのです。

商談のお悩みはアポイントが途切れてしまうことだけではありません。

◎商談中に話が途切れてしまう
◎上手く説明ができない
◎商談時間は長くても話は進まない

などなど。

いろいろな障害が出てきたりします。

商談がスタートしてからお客様と信頼を深めるか?

それとも信頼を失うか?

この章の一問一答からそのポイントをつかんでください。

Chapter 5

質問 45

次回の商談アポが とれません

せっかく商談がスタートしたのですが、
一回きりで次のアポが取れません。
何か間違っているのでしょうか?

■29歳　男性　社員教育プログラム営業

フォローしていたお客様とやっとのことでアポイントを取り、商談をスタートできました。

しかし、問題に直面してしまいました。

力不足ですが、次回アポイントが取得できなかったのです。1回きりになってしまい次のアポが取れません。

これではせっかく商談をしても契約に進まないのです。

次回のアポイントをイメージしてゴールを決めてトークも練ってみたのですが、お客様と次回のアポイントが取れません。もちろん強引な売込みはしていません。

何か掛け違いを起しているのだろうと思うのですが、考えてもピンとこないのです。

先生ならどのように次のアプローチをされますか?

よろしくお願い致します。

回答

商談を始める前に次回のアポイントを取りましょう

「次回のアポイントは商談後に取るもの」というように思っていませんか？

実は次回アポは商談をスタートさせる前に取るのが一番簡単な方法なのです。 お客様と商談がスタートしたら、すぐに次のアポイントを取ります。

1つ例をお話します。
「今日はお客様のご要望をじっくりお聴きしたいと思います。それを形にできるのが4～5日後になるのですが、来週の同じ時間のご都合はいかがでしょうか？」
といって商談をはじめる前に次回のアポイントを取ります。

お客様は自分で口にした要望を形にして見たいはずです。
ほとんどのお客様は了承してくれます。
このように商談が始まる前に次回アポイントを取ることで、取得率が飛躍的にアップするのです。
また、次回アポが取れていると精神的にも落ち着きます。
ゆったりした気分で商談が進められるというメリットもありますので、ぜひやってみてください。

質問 46

商談中、
お客様が退屈そうにします

カタログの説明から始めているのですが、
お客様が退屈そうにします。
何か問題があるのでしょうか？

■30歳　男性　精密機器営業

　商談をスタートさせるとき、いつもカタログの説明からしております。

　会社の概要から入り、その後商品ラインナップとその特徴をお話しします。上司からもそのように教育されています。

　先日もいつものようにカタログの説明をしているとお客様は退屈そうにしている様子がありありとわかります。

　会社の説明や商品の説明をしなければお客様に買ってもらえません。とはいえ、何か他のやり方があるような気がします。

　ぜひともアドバイスください。

回答

まずはお客様が興味のある話題からスタートしましょう

確かに会社の概要や商品説明も大事です。

しかし、商談が始まってあまり**面白くない話からスタートしたのでは、お客様は興味を持ちません。**

（あぁ、はやく終わらないかなぁ）と思いながら聞くことになります。そして（この営業マンには用がないな）と判断されてしまうのです。

そうではなくお客様が最も興味を持つ話題から入ってください。

たとえば、

「○○のコストを20%削減できる方法があります」

「仕入れのルートを変えるだけで、100万円以上コストダウンできるんですよ」

などとお客様が食いつくマル秘情報からスタートしてください。

そうすることで《この**営業マンとは付き合ったほうがメリットがありそうだ**》と思ってもらえます。

今までとはまるで違う雰囲気で話を聞いてくれるようになるでしょう。ぜひお試しください。

質問 47

購入時期が先で話が進みません

商談の数は増えたのですが、
さまざまな理由で契約にはいたりません。
何か良い方法はあるでしょうか？

■25歳　女性　ハウスメーカー営業

お陰さまで営業レター（39ページ参照）でのフォローの効果が出まして、商談へ進むお客様が3倍以上に増えました。

少しずつ、これで行けるのではという手ごたえを感じております。

しかし、ここで問題が出てきました。

商談をしているお客様の建築予定時期が、半年から1年以上先という人が多いのです。

今すぐ契約をできる人たちではありません。

年回り、農地転用、子供の出産が終わってからなので、まだ先なのだと言います。

商談できるお客様は増えましたが、契約は今すぐできないお客様ばかりでなんとも歯がゆい状況です。

菊原さんは、このような状況を経験したことはありますでしょうか？　また、あったとすれば、どのようにしたところ状況は改善されましたか？

ぜひアドバイスをしていただけたらと思います。

回答

一番ネックになっている問題を確定して解決しましょう

商談が増えたことは、いいことですね。

結果が出るまで後もう一歩です。

商談が進まないとのことですが、まずはお客様の話の進まない原因がどこにあるのかをよく観察してください。

いくつか問題点が出てくると思いますが、その中で一番ネックになっていることを確定します。

そしてそれを解決するのです。

例えばお客様の一番のネックが「年回りが悪い」だとします。

年回りの悪い年でも建てられる期間はあります。

そういったことを調べて提案してみてください。

また農地転用などの法的なことはその手続き自体を請け負うという方法もあります。

もしどうにもならない理由がある場合は「将来のためにも今から間取りを考えましょう！」と、できる範囲で話を進めても構いません。実際に検討を進めることによって、お客様自身が障害を取り除いてくれることもよくある話です。

お客様がやる気になれば1年先でも2年先でも関係ありません。

ちょっとした行動がきっかけとなり、あっという間に話が進むこともよくあります。

Chapter 5

質問 48

商談が多すぎて困っています

商談の数が増え過ぎたため、
力が分散しお客様を逃がしてしまいます。
何かアドバイス頂けるでしょうか?

■31歳　女性　生命保険営業

　お役立ち情報の反響で、先月から続々と打ち合わせをさせていただいております。

　休みも取れなくなり、どうしようもなくいっぱいいっぱいの打ち合わせを繰り返したため、力が分散して5件のうち2件が他社契約になってしまいました。

　また、お客様にお待ちいただく時間もあったりして、迷惑をかけてしまいます。

　せっかく商談が増えても、これでは意味がなくなってしまいます。
　菊原さんもこんな経験はありませんでしたでしょうか?

　私が5件の打ち合わせをしっかりとこなせる人間になるしかないのかもしれませんが、菊原さんは、自分が確実にこなせる範囲でしかアポイントを取らない等の工夫をされてきたのでしょうか?

　少しでも何かヒントをいただければと思っております。

回答

> 1回の商談を2時間と決め、その時間内でしっかり商談しましょう

　商談のチャンスをもらえない営業マンにとっては羨ましい悩みかもしれませんね。
　私もそのようになった経験があります。
　商談を抱えすぎて力が分散し、ほとんど敗戦してしまったのです。
　私はその後、やり方を変えました。
　まず、休みにはアポイントを入れないようにします。
　そして、こちらから「7日の15時〜もしくは8日の10時からでしたらお時間が取れますが、いかがでしょうか？」と**日にちと時間を指定する**ようにしました。
　そのほうが逆にアポイントが取れるようになったのです。

　午前中に1件（10時〜12時）、午後に3件（13時〜15時、15時〜17時、17時〜19時）の打ち合わせの枠を作ります。
　2日間で8件のアポイントが可能になります。

　また、商談を始まる前にはこのように言います。
「今日の打ち合わせは15時から17時までで、○○についてお話しします」と**本日の商談の目的と終わりの時間を指定します。**
　これで効率のいい商談ができるようになりました。
　お客様からの商談が増えてくれば、トップ営業マンまであと少しです。ぜひ頑張ってくださいね。

質問 49

説明し過ぎて失敗します

説明し過ぎで失敗しているような気がします。
やはりアプローチブックなどのツールを
利用したほうが良いのでしょうか?

■29歳　女性　資産運用営業

　商談が始まるとついつい夢中で説明してしまいます。気付けば30分以上も話しっぱなしというときもあります。

　いけないとわかっているのですが、《どうしても次のステップに進みたい》《商品を気に入ってもらいたい》という気持ちが強く話し過ぎてしまいます。

　やはりアプローチブックなどのツールを利用したほうがいいのでしょうか?　またアプローチブックについての内容はどのようなものなのか教えてください。

回答

自分のかわりにポストイットに説明してもらいましょう

　契約へと進めようと夢中で話してしまう気持ちはよくわかります。私もよく経験しましたが、それではお客様は引いてしまい上手くはいきません。やはりアプローチブックなどのツールを利用したほうがいいでしょう。

　アプローチブックですが、一番簡単で効果がある方法をお伝えします。提案したい内容の提案書や資金計画書をコピーしてアプローチブックに入れます。

　その際、ポストイットで「この提案書でコストダウンの方法がわかります」「毎月のランニングコストがはっきりわかります」などで補足説明することも忘れないでください。

　説明はそこそこにして、この**アプローチブックを見せながら「このような提案もできますが、どうされますか？」**というようなトークをしてみてください。

　長々と説明するよりずっとお客様に伝わりますよ。

質問 50

商談が
ぶつ切りになって
しまいます

商談がぶつ切りになってしまいます。
これでは契約にはならないのですが
どうすればよいでしょうか?

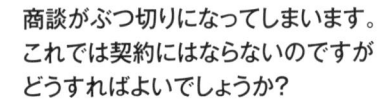

■29歳　男性　コンサルティング営業

とにかく商談が続きません。

せっかく話ができたお客様ともぶつ切りになってしまいます。そして、だんだんと疎遠になってしまいます。

その後、お会いして話をしたしたとしてもまたはじめから説明をしなくてはなりません。

これではいくら商談しても契約には進みません。

どうしたらよいのでしょうか?

回答

理想のパタン、得意パターンを作っておきましょう

1つ理想な形のパターンを作っておき（紙に書き出して）、それを意識して商談を進めてください。たとえばですが、私の場合はこのようなパターンを意識していました。

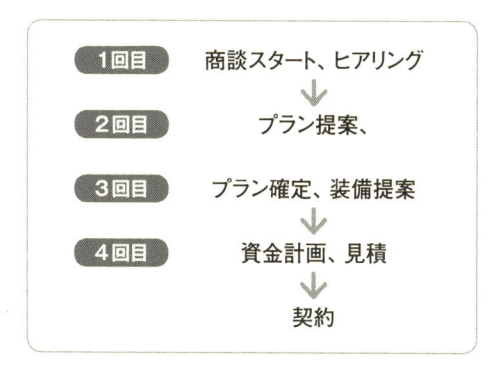

- **1回目** 商談スタート、ヒアリング
- **2回目** プラン提案、
- **3回目** プラン確定、装備提案
- **4回目** 資金計画、見積
- 契約

4回の商談後にクロージングするように心がけていました。もちろんプラン提案が3回～5回になったりすることもあります。

理想形を1つ持っていて、後はお客様に会わせて対応していくという方法でお考えください。

また「今回はプランの確定をさせて頂き、次回はそのお見積りを提出せさて頂きます」とお客様に予定を伝えることも大切です。

お互い次のステップを意識して入れば商談が1回きりで終わりになることもなくなるでしょう。

ご参照ください。

質問51

商談中に送る
手紙がわかりません

商談までに時間があるのですが、ほっておくのは良くないことです。何か送りたいのですが、どんな内容がいいのでしょうか?

■28歳　女性　外資系保険営業

お客様と商談をして次の約束をします。

次の約束まで1週間くらい間があるのですが、その間、ほうっておくのは得策ではないと思います。

何か手紙をつくって送りたいのですが、どういった内容を送ればよいのかわかりません。

作成の考え方やコツを教えていただきたいです。

すみませんがよろしくお願いいたします。

回答

商談がスタートしたら2種類のクロージングレターを出しましょう

商談中に送る手紙をクロージングレターと私は読んでいます。
クロージングレターには2種類あります。

1つは**テンションを上げるためにお客様に宿題を出すクロージングレター**です。ポイントは「契約するお客様がする行動」を宿題として出すことです。

お客様は行動することで購買へのテンションが上がります。

たとえば保険の営業でしたら「家にある保険の証券を探して用意してください」という宿題を出します。

テンションが下がったお客様も保険証券を探しているうちに《やっぱりこの際だから保険の見直しをしてもらおう》と購買への意欲が上がります。

もう1つは**契約への不安を消すクロージングレター**です。

ポイントは契約後に不安になることを先回りしてお客様に伝え、安心してもらうことです。例えば、

・病気になったとき、保険料がおりるのか？
・収入が下がったとき、保険料を払っていけるのか？
・後々、保険料が上がったりしないか？

などなど。こういった悩みを解決する内容を考えてみてください。

お客様から聞かれる前にこのような内容のクロージングレターを送ると効果があります。ご参照ください。

質問 52

いきなり商談がスタートした場合は？

チラシを見て突然来店し商談がスタートしました。そういったお客様にも自己紹介文を送ったほうがいいですか？

■32歳　男性　建売住宅営業

今までは営業レター（49ページ参照）で人柄を少しずつ伝え、お客様との距離を縮めてきました。

ということもあり、信頼関係ができた上での商談ですから、何事もスムーズに進みます。

競合があったとしても契約になることが多くなりました。

今回相談したいのはいきなり商談がスタートする場合です。

新聞の折り込み広告をご覧になったお客様がお問い合わせをしてきて、その日に商談がスタートすることがあります。お客様に物件を案内し、資金計画までその日にしてしまいます。お客様はかなり物件を気に入った様子でその日は帰ります。

この場合、自己紹介文はお送りすべきなのでしょうか？　それとも背中を押すような手紙を送ったほうがいいのでしょうか？

アドバイスください。

回答

営業マンの人柄を伝えることが成功へのキーポイントになります

　はじめてお会いして商談がスタートしたお客様にも、人柄を伝える自己紹介文を送ってください。

　お客様はまだあなたの人柄を知りません。

　高額商品の場合は特に商品そのものよりも、営業マンがどういう人かということのほうが重要になります。

　人柄を伝えることは商談が上手くいくかのキーポイントになりますので必ず送ってください。

　また自己紹介文と共に背中を押す、もしくはテンションを上げるクロージングレター（141ページ参照）を送ってください。

　建売の購入を決めるお客様は、時間を変えて何度も現場を見に行くはずです。

「朝7時と夕方5時に現場をみて道路の込み具合をチェックしてください」というクロージングレターを送ってもいいでしょう。

　人柄を知ってもらった上に、購買へのテンションが上がれば契約率はグッと上がると思います。

　ご参照ください。

第5章　商談・アポイント取得 編

Chapter 5

質問 53

ベストな商談場所が わかりません

お客様から『詳しい話を聞きたい』と
声がかかりました。
どこで商談するのがベストでしょうか?

■23歳　女性　家庭用医療機器販売

　お客様から「もう少し詳しい話を聞きたい」という連絡が入りました。

　その場合でも、訪問したら迷惑になるでしょうか?

　また詳しい話をする場合ですが、商談場所はどこがベストでしょうか?

　お客様の自宅に伺ったほうが良いのでしょうか?

　それとも会社に来てもらったほうが良いのでしょう?

　アドバイスください。

回答

商談場所は2択でお客様に選んでもらいましょう

　アポが取れるようになってからは「訪問しない」という考えは捨ててください。

　お客様が積極的に話を聞く段階になったのであれば、直接連絡したり、訪問したほうが親切です。

　また商談場所ですが、私はほとんどのお客様は自宅ではなく会社で商談をしていました。

　一般的に、お客様のなかには自宅がきれいに片付いておらず、呼びたくても呼べない人もいます。そういったお客様には「今からお伺いします」とせまってはいけません。

　せっかくのチャンスをつぶしてしまいます。

　また会社に来てもらうメリットも伝えてみてください。
「会社にはサンプルやデモ機もありますので、いかかでしょうか？」と言えばほとんどのお客様は「では伺います」ということになります。

　とはいえお客様によっては考え方が違いますから「自宅」と「会社」の2択でアポを取ってみたらどうでしょうか？

　お客様に好きな場所を選んでもらってください。

質問 54

商談しているお客様と
アポが取れなくなりました

さまざまな理由でアポイントを断られます。
何か良いアプローチ方法はありますか?

■39歳　女性　外資系保険営業

あるお客様と1度商談をさせていただきました。
「次回はライフプランを作成します」といって別れました。
　その後、お客様との商談のアポイントを取ったのですが、当日に風邪をひいてしまいキャンセルになってしまいました。
　その後、そのお客様は休日に仕事になったり、お子様の用事などでアポイントがとれず3週間ほどお会いできていません。

　このようにアポイントから逃げるようなお客様の場合、どのようにアプローチすればよいのでしょうか?
　良いアドバイスをよろしくお願いいたします。

回答

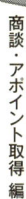

アポが取れないときは、「資料がご用意できました」と手紙を送りましょう

1度商談した後、次のアポイントが取れなくなったのですね。

アポイントが途切れてしまった場合は、お役立ち情報などで接触しながら、このような手紙を送ってみてください。

> 「○○様へ
> ○日にお打ち合わせさせていただいた資金計画の
> 資料が用意できております。
> ご都合がいいときにご連絡ください」

そして、折り合いを見て、電話でアポを取ってみてはいかがでしょうか?

お客様は《どうしてまたあの営業に会う必要があるのか?》と思っているかもしれません。

手紙で会う理由を伝えることで思い出してくれるでしょう。

ぜひ試してみてください。

Chapter 5

質問 55

お客様と音信不通になってしまいます

商談しているときはいいのですが、
次のアポを取ろうとしても電話に出てくれません。
何かやり方がおかしいのでしょうか?

■38歳　男性　外壁塗装営業

1度商談したお客様とは2度と会えないことが多く起こります。

商談しているときのお客様はにこやかで商品を気に入ってくれているように感じます。

しかし、その後、アポイントを取ろうとしてもまったく電話がつながらないのです。

またアポイントを取れたとしても前日にドタキャンされます。

何か商談のやり方が間違っているのでしょうか?

回答

商談中は営業マン2割、お客様8割で話をしましょう

1度商談からランクダウンしたお客様を再び商談へランクアップするのは非常に難しくなります。

このお客様は仕方がありませんが、商談をスタートする前に次回のアポイントを取るなど工夫して連続アポを取るようにしてください（くわしくは129ページ参照）。

また商談までにクロージングレター（141ページ参照）を送りテンションを下げない工夫をしましょう。

音信普通になる原因ですが、商談時に営業マンが話すウエイトが大きくなると次回のアポイントは取りにくくなります。

私もよくありましたが、**夢中で説明してお客様のことをほとんど聞けていなかったということがありました。**

そんなときは決まって連絡がつかなくなったものです。

なるべくお客様に話してもらうように商談を進めてください。

営業マン2割、お客様8割の比率を心がけましょう。

第5章のまとめ

営業の天才も力めば失敗する

商談では力んだり、緊張しすぎるといい結果に結びつきません。
◎力み過ぎて一方的に説明してしまう。
◎緊張して何を言っているのかわからなくなる

これでは商談は上手く進みません。こういった理由ももちろんあるのですが、他にも大きな原因はあります。

その原因とは欲を出し過ぎることです。《**契約したい**》という**思いが強過ぎると、得てしていい結果には結びつかない**のです。

私の会社には誰から好かれる先輩営業マンがいました。仲間や後輩とはもちろんのこと、さらに上の先輩や上司ともとても仲がいいのです。それどころか取締役や社長ともフレンドリーに付き合うことができ、調子が良く「これぞまさに営業マン」という感じです。

入社当時の私は《こういう人はきっと営業成績がいいんだろうな》と思っていました。しかし、意外なことにその営業マンの成績は会社で下のほうです。

不思議に思った私はその営業マンにこう質問してみました。

私　　　「○○さんはもっと契約が取れそうな気がするのですが」
営業マン「オレもそう思うんだけどね」

私　　　「社長とも友達みたいに話せますし」
営業マン「そうなんだけど、オレはお客様との会話が苦手なんだ」
私　　　「えっ！　そうは見えませんが」
営業マン「ビックリするかもしれないけど、お客様の前では別人
　　　　　になっちゃうんだよ」

　この先輩は会話が面白くて、テレビに出ている芸人以上の突っ込みもできます。嫌味もなく、誰からも愛されるキャラクターなのです。
　しかし、お客様を目の前にすると途端にダメになってしまいます。お客様を目の前に話をすると先輩のいいところは陰をひそめ、お客様からあっさり断られてしまうというのです。
　その先輩は「お客様を目の前にするとどうも契約を取ろうと力んじゃうんだよね」とも言っていました。

　こうした余分な欲が悪いことをするのです。あなたも友達とはどんどん話せるのにお客様を目の前にした途端別人のようになってしまう。このような経験はないでしょうか？
《このお客様と契約したい》と思うことは悪いことではありません。しかし、その思いが強過ぎると力みにつながります。
　だんだんと《絶対に逃がすものか！》に変わってしまいます。
　こうなると上手くいくものも上手くいかなくなるのです。

　営業の天才だって、結果のことを考えてしまえば、力んで失敗することもあります。できる限り**いつも通りの精神状態で商談に臨むことを心がけましょう。**

Chapter 5

おさらい 商談・アポイント取得 編

- 商談を始める前に次回のアポイントを取る
- まずはお客様が興味のある話題からスタートする
- 一番ネックになっている問題を確定して解決する
- 1回の商談を2時間と決め、その時間内でしっかり商談する
- 自分のかわりにポストイットに説明してもらう
- 理想のパータン、得意パターンを作っておく
- 商談がスタートしたら2種類のクロージングレターを出す
- 営業マンの人柄を伝える自己紹介文を送ることが成功へのキーポイント
- 商談場所は2択でお客様に選んでもらう
- アポが取れないときは「資料がご用意できました」と手紙を送る
- 商談中は営業マン2割、お客様8割で話をする

第6章

契約・クロージング・
アフターフォロー 編

クロージングを
難しくしているのは自分？

◉お客様の不安を解消し、
　契約を「通過点」と考えてもらう

　クロージングは難しいもの。
　そう思い込んでいる方も多いのではないでしょうか？
　クロージングを難しくしているのは実は自分だった、ということも少なくありません。

　商談後半で話が煮詰まってくるとお客様はこのまま話を進めていいのか不安になります。
　《本当にこの会社の商品でいいのだろうか？》
　《他社から見積を取ったほうがいいのでは》
　《買ったとしても使いこなせるだろうか…》
　《そもそも買うべき商品なのだろうか…》
　などと思いだしたりします。
　お客様の不安を解消しないまま、クロージングへと進めても上手くはいかないのです。
　最終見積を出してクロージングします。

営業　「この条件でいかがでしょうか？」
お客様「う〜ん」
営業　「ぜひ、これで決めてください！」
お客様「検討してこちらから連絡しますから」

営業　「……わかりました」

　その後、いくら待っても連絡はありません。
　しびれを切らせて電話をすると決まって「他社に決めました」とお断りされるのです。

　クロージングする前にお客様の不安を解消する必要があります。
　不安を解消するためにはお客様から「○○はどうなっているのですか？」と質問される前にこちらから説明することです。
　先回りして説明することで「この人は細かいことまで気が回って安心だ」と思ってもらえるのです。

　またクロージングを大げさにしてはなりません。
　上司に同行してもらい「ぜひこれで決めてください！」と力んでお願いするから、お客様が身構えます。
　決めよう思っていても《もう少し検討してからにしよう》と気が変わります。
　大げさにするのではなく「今まで3回商談をさせて頂きましたが、これより細かい打合せは契約後になります。先に進めてもいいですか？」というように**契約はあくまでも通過点**といったような言い方をしたほうがはるかに上手くいくのです。

　売れる営業マンにクロージングが甘い人はいません。
　この章の一問一答からクロージングについて学んでください。

| Chapter 6 | 質問 56

競合の見積待ちになってしまいました

お客様に見積を出したのですが、
競合会社の見積を見てから判断すると言われました。
おとなしく他社の見積を待つしかありませんか?

■34歳　女性　医療品メーカー営業

今商談しているお客様がいます。

先日、打ち合せをして見積を出しました。

しかし「検討しますから」と言われてしまいました。

競合が2〜3社あって、自分だけ先行して見積まで提出していて、他社はまだ全然進んでない場合、どうしたらよいですか?

お客様はどうしても「他社の見積を見てから判断する」と言っています。

おとなしく他社の見積が出るのを待つしかないのでしょうか?

回答

競合している場合は、最後に見積書を出しましょう

　競合がある場合にはできる限り、一番最後に見積書を提出することを心がけてください。

　とはいえ、今回はすでに出してしまっているのですね。

　その場は**お客様にもう一度、他社が出そろった後に再度見積書を出したいと提案します。**

「すべて出そろったところで会社に交渉すればさらにいい条件が出せます」と説明すればお客様は納得するでしょう。

　とにかく競合した場合は、最後に見積書を出すことがポイントになります。

　なんとかこの説明をしてもう一度提出させてもらいましょう。

　この提案をして「いや、もういいよ」というお客様は契約にはなりません。

　相見積だけが目当てのお客様です。

　諦めて他のお客様を探すことが得策です。

質問 57

最終段階で何をしたらいいのかわかりません

5社競合から2社に残りました。
ここから何とかして契約を取りたいと思うのですが、
何か決め手はありますか?

■38歳　男性　ゼネコン営業

5社競合会社があったお客様ですが、何とか頑張って2択にまで残りました。

ここまで来たのでぜひ契約を取りたいのです。

すでに当社のいいところはさんざん説明しております。

もう最終段階なので自分たちの会社の良いところなどをお客様にいってもしょうがないと思っています。

「最終的にこの人に任せよう」と思われたほうが勝ちなのだと思うのですが、何か決め手となる情報の出し方や経験談などありましたら、教えてください。

よろしくお願いします。

回答

口頭だけの説明ではなく、文章で伝えて念を押しましょう

5社から2社に残ったのですね。

ここからが本当の勝負です。

お客様に「いいところをさんざん説明している」とありましたが、**お客様は営業マンの話をそれほど覚えていません。**

メラビアンの法則によれば人間は24時間で74%を忘却すると言われています。

ただ、24時間たった時点で復習すると大部分を思い出すというデータもあるのです。

商談内容を思い出してもらう工夫をしてください。

商談の内容を書きだし**クロージングレター**（商談と商談の間に送る手紙のこと）として送ってもいいでしょう。

またクロージングレターと一緒にお客様とのエピソード（購入して満足した例）を伝えても効果的です。

最後は印象に残った営業マンが勝ちます。

口頭だけで伝えるのではなく文章で念を押してください。

質問 58

決め台詞が
わかりません

商談を重ねいよいよ決めてもらうクロージングです。
いつもどんな決め台詞をいえばいいのか迷います。
何かいい決め台詞を教えてください

■29歳　男性　プラント・工場設備営業

　お客様と商談を重ね、いよいよクロージングの段階に入るお客様がいます。いつも、どう決め台詞を言おうかと迷います。

　先輩や上司からは「男にしてください！というのが一番だ」といわれますが、照れくさくて言えません。

　とはいえ、何か決め台詞がないと契約が決まりません。

　何かいい決め台詞を教えてください。

回答

《契約は通過点》という
イメージでいうことが
ポイントです

　基本的に**クロージングで決め台詞を言う必要はありません**。いまどき「私を男にしてください」なんていう営業マンはいません。
　照れくさくて言えない、というのが普通の人の感覚です。それでいいんです。そんなことを言うのではなく、まずお客様が契約へ進むための障害をすべて取り除いてください。
・契約後の打ち合せはどうなっているのか？
・支払方法は？
・メンテナンスはどうなっているのか？
・社員がキチンと使いこなせるか？
などなど。

　お客様が契約後に心配になるようなことを、1つひとつ解決してください。
　その上で「**これ以上の打合せは契約後になります。先に進めてもいいですか？**」と聞いてください。
《あくまでも契約は通過点》というイメージで言うことが大切です。
このほうが何倍も上手くいきます。

質問 59

見積書を出した途端、音信不通になってしまいました

商談をしていたお客様に要望通りの見積書を提出しました。そのご電話もメールもムシされます。どうしたらよいのでしょうか？

■25歳　男性　大型機器営業

1カ月前らか3回ほどお会いして要望を伺ってきました。

先日、要望を形にして見積書を出したところ、お客様は気に入ってくれた様子でした。

しかし、その後いくら携帯に電話しても出てくれません。

メールも何回も送りましたが、無視されています。

菊原さんはそのような経験はありますか？

またこのような状態になってから、どう攻めればよいのでしょうか？

よきアドバイスをください。

> **回答**
>
> 自分の気持ちを伝える
> 手紙を送ったらきっぱり諦めて、
> 次のお客様を探しましょう

　見積書を出した途端音信不通になる。

　私自身もこのような経験をよくしました。

　当時の私はそのことが信じられませんでした。

《あんなにいい人が無視するなんて…》と落ち込みます。

　ずっと無視されたあげく、連絡が取れたときは決まって「すみません、○○社に決まりました」と言われたものでした。

　見積を出す前段階ではいろいろ対策を練ることができますが、出した後はかなり難しくなります。

　音信不通になった場合は、いさぎよく諦めたほうが**精神的にもい**いでしょう。

　どうしても何かしたいという場合は、**お客様に自分の気持ちを伝える手紙を出すというのも１つの手です。**

　例えば「契約後には○○でお困りになることもあります。その場合にはぜひ私にご相談ください」といった内容です。

　手紙を出したらもうこのお客様のことは忘れましょう。(何度も出すとストーカーになる)

　こうなってしまった場合には未練がましく思っていないで、次のお客様を探す。そのほうがいい結果に結び付きますよ。

Chapter 6

質問 60

早く決断してもらいたいのですが

お客様へ見積を出したところ、
どこもいい会社ばかりで決められないと言われました。
早く決めてもらうにはどうすればよいのでしょうか?

■24歳　女性　ハウスメーカー営業

　今商談しているお客様がいます。

　10社以上の会社を検討して、その中から4社に見積依頼をしたと言います。

　その中の1社に選ばれました。

　その後、見積を作り提出したのですが、お客様は私に「どこもいい会社ばかりで決められません」と言います。

　上司からも見積を提出したらすぐに決めてもらえと言われていることもあり、一刻も早く決断してもらいたいと思っています。

　何か良い方法はありますか?

> 回答
>
> ## お客様が混乱しているときは1歩引くことも考えましょう

お客様ははじめて見る見積書を目の前にして混乱しています。
家は一生に一度の買い物ですから、特に慎重になります。
決められないのも無理はないのです。
お客様が混乱しているときに「この条件は今月までです、ぜひご決断ください！」と迫ってもいい結果には結びつきません。
他社に決まるか、家づくりを延期するかになってしまいます。

こんなときは一歩引いたスタンスで接してみるものいいでしょう。
「他の3社は月末に決めてくれと迫ってくると思いますが、焦って決めてもいいことはありません。納得いくまでお付き合いしますから」
と他の会社の営業マンと違うポジションに立ちます。
そのことで競合の泥仕合に巻き込まれることなく、契約になることもあります。ご参考ください。

質問 61

値引き要求に困っています

クロージングすると決まって
『もっと安くしろ!』と言われます。
値引きに対してどう対応するのがベストでしょうか?

■30歳　男性　建材営業

お客様と商談していて見積を出すと決まって「もっと安くしろ!」と言われます。

言われた通り値引いて持って行くとさらに「まだ何とかできるんだろう?」と言われてしまいます。

お得意さんですし、じゃけんにもできません。
また契約を取りたいという気持ちもあります。
しかし決まったとしても、結局、赤字ギリギリで会社からも怒られます。
何か良い方法はあるのでしょうか?
良きアドバスをください。

> **回答**
> ただ単に
> 値引きするのではなく、
> 交換条件を提示しましょう

　値引きの問題は多くの営業マンがぶち当たる壁の1つです。
　お得意さんになればなるほど、はねのけるのは難しくなりますね。《嫌われたらマズイから》といいなりになっていればどんどん利益がなくなり、会社から怒られてしまいます。
　また値引き交渉をしてすぐに値段が下がるとお客様は《これはまだまだ下がるな》と感じます。
　ですから、必死に値引きして提出しても「もっと値引きしろ」と言われるのです。

　そんなときはただ**単に値引きをするのではなく、紹介をもらう、他の仕事をもらうなどの交換条件を提示してください。**
　たとえばこのようにです。
「いっぱいいっぱいの条件で提出しているので値引きは出ませんが、他の現場の発注もご依頼頂ければあと少しだけ何とかします」
　こういうことで、他の現場の契約が取れることもあります。
　仮に他の現場の契約が取れなかったとしてもお客様には《これが限界です》ということが伝わります。
　ぜひお試しください。

Chapter 6

質問 62

1度も紹介を
もらったことが
ありません

すでに購入頂いたお客様から
一度も紹介をもらったことがありません。
紹介をもらういい方法はありますか？

■28歳　男性　土地活用(店舗)営業

　私は今までに紹介を１回ももらったことがありません。土地活用の営業の場合、紹介などはもらえないとはじめから諦め、紹介をもらおうとしていなかったことがそもそもの原因だと思います。

　また、店舗引き渡し後はクレーム恐れ近づきませんでした。

　引き渡してだいぶ時間がたったお客様にいきなり訪問できないこともあり、まずはニュースレター（自分の事や近況を伝える自分新聞のようなもの）を作成して送ろうと思っていますが、この方法であっていますでしょうか？

　その場合はどのくらいのペースで送るのがベストですか？

　アドバイスください。

回答

> ニュースレターを出したら
> 訪問して、積極的にクレームを
> もらってきましょう

まずはオーナー客にニュースレターを送ってみてください。
送るペースは理想的に言えば月に1回くらいがいいでしょう。
もし難しいようでしたら、年に4回のペースで送ってください。

2～3回送ったところで、訪問してもいいですね。
そのときには**紹介をもらうという考えは捨て、まずはクレームを積極的にもらってきてください。**
そのクレームを真摯に処理し信頼関係を徐々に取り戻しましょう。
そうした行動を積み重ねていくうちに紹介にもつながります。
ぜひやってみてください。

質問 63

お客様の声を
うまく作れません

購入者の生の声の資料を作ろうと
思っていますが、うまく作れません。
何かコツなどあるのでしょうか？

■26歳　女性　幼児教材営業

　購入者の生の声を集めて、資料を作ろうと思っています。
　実際、インタビューするにあたりどのように行なえば良いのでしょうか？
　下準備として質問リストを作ろうと思っています。
　その場合はどんな質問が良いのでしょうか？
　菊原様は下準備をしたと思いますが、どんな感じでインタビューされていたのか教えてください。
　よろしくお願いいたします。

> **回答**
>
> **質問リストより
> 自然な会話を心がけましょう**

　お客様の声の資料を作成するのですね。
　もちろん質問リストなどの準備をすることも大切です。
　しかし、用意した質問を次々にしていくのではお客様は尋問されている気分になります。
　質問リストもいいですが、自然な会話を心がけてください。
　そのほうがお客様の生の声が聞けます。

　また積極的に話してくれないお客様に対しては、
「○○といったことがわからなかったというお客様が多いのですが、どうだったでしょうか？」
と答えやすい例を上げるといいでしょう。
　こういった質問が呼び水となりいろいろとヒアリングできます。
　ぜひやってみてください。

質問 64

お客様が紹介の約束を守りません

紹介を条件に値引きしたのですが、
時間が経ちそれっきりになってしまいます。
何か紹介をもらえる良い方法を教えてください

■31歳　男性　防犯システム営業

紹介依頼のことについて教えてください。

菊原様の場合、見積提出時に値段と引き換えに紹介依頼をされてたと思いますが（167ページ参照）、それは、具体的にいつまでに紹介をもらったのでしょうか？

お客様によっては「紹介します」とは言ったものの、時間が経ち忘れてしまう人もいます。

過去にも何人か「同僚を紹介するから、安くして」と言ってくれたお客様がいるのですが、値引きしてそれっきりです。

お客様がまったく紹介の約束を守ってくれません。

菊原様は、なかなか紹介してくれないお客様はいらっしゃいましたか？

また、そのような場合、どのようにされてましたか？

教えてください。

> **回答**
>
> ハードルを下げ、
> その場で紹介をもらうように
> しましょう

　紹介はその場でもらうのが一番です。

　よく「あとでとオバケはでたことがない」と言いますが、紹介も同じことです。

　時間が経ってから紹介をもらった経験は一度もありません。

　紹介を依頼したその場で、お前をいただくように心がけましょう。

　その際のポイントですが、紹介をもらう人のハードルは極力下げてください。

「防犯システムのお役立つ資料を送ってもいい人」

くらいでいいのです。

　このような見込みの薄いお客様をいただくことも意味があります。

　意外にも、ここから多くの契約が生まれるのです。

　ご参照ください。

Chapter 6

質問 65

ニュースレターを送っても紹介がもらえません

毎月ニュースレターを作りお客様に送っていますが、まったく紹介がもらえません。
どんな内容のニュースレターを送ればいいのですか?

■26歳　女性　生命保険営業

菊原さんはお客様に「ニュースレター」のようなものは送らなかったのですか?

私はニュースレターを毎月送っていますが、ネタ探しが大変です。

やっとのことで作ったかと思うと、すぐに新しい月がきてまた苦労します。

月末が近づくと《あぁ、また締め切りが迫っているのかぁ》とため息をつきます。

締め切りギリギリになって徹夜で作ることもあります。そのような苦労をしているのですが、まったく紹介がもらえません。

こんなことを続けていて意味があるのでしょうか?
また、紹介がもらえる内容はどういったものか、教えてください。

回答

当たり障りのない文章ではなく、自分らしさを伝えましょう

　私自身もニュースレターは送っていました。
　送ったといっても毎月ではありません。
　3カ月に1回のペースで、主にオーナーのお客様に送っていた程度です。

　ニュースレターの内容としては、当たり障りのない文章ではなく**人柄を伝える工夫をしましょう。**
・近況報告
・家族との話
・お客様とのおもしろエピソード
などなど。
　どんなことでも構いませんので自分らしさが伝わる身の回りのことを伝えてください。
　またニュースレターの中で「身近な人をぜひご紹介ください」と伝えることも重要です。
　これだけでも紹介がもらえることもありますが、紹介をもらうためには時々訪問して顔を出してください。
　ニュースレターと訪問を組み合わせることで紹介をもらえるようになります。

第6章のまとめ

契約は新たなスタートと考えよ

　お客様と商談していたときのことです。
　競合会社はたくさんあったのですが、何とか契約になる運びとなりました。
　契約日には上司も同行してもらいます。
　お客様も大満足で契約してくれたのです。
《やったぞ！　久しぶりの契約だ。これでしばらく安泰だぁ》と心底安心したものでした。

　その後のことです。
　私は契約したお客様にアポイントを取ろうと電話をかけました。

私　　　「次回の打合せですが、今週の土日はいかがでしょうか？」
お客様「今週は子供と出かけるのでちょっと無理ですね」
私　　　「わかりました、それではまた連絡します」

　こんな感じで契約してから契約してから２週間以上も経ってしまいました。
　お客様は契約したものの、家を建てるテンションが下がってしまったのです。
　その後電話をしても「まだ急がないから」とあしらわれます。

さらには断ったはずの競合他社が復活してきたりと、大変なことになりました。
　結局、キャンセルにはならなかったものの、軌道修正するのに随分苦労したのです。

　その後、私はその反省を活かし、契約後には絶対に気を抜かないように心がけるようになりました。
　契約はゴールではありません。
　むしろ**新しい**スタートです。
　私は《調印式は契約後の打合せのスタートだ》と思うようにし、**契約後に必ず次回のアポを取る**ようにしました。
「それでは次の日曜日に○○の打合せをさせてください」
　このようにアポイントを切らさず、すぐにアクションを起こすようにしました。
　そうするようになってからはスムーズに工事まで進むようになったのです。

　契約をゴールにしてしまうと、そこで流れがブッツリ切れてしまいます。
　お客様によってはそこでテンションが下がり、キャンセルになることもあるでしょう。
　キャンセルにならなかったとしても、再びテンションを上げるのに苦労します。
　契約を頂いたとき「あぁ、よかった」と安心するのではなく「よし、本格的な打合せのスタートだ」と思うようにしてください。そう考え方を変えるだけで、契約後の打合せがスムーズに進むようになります。

Chapter 6

おさらい 契約・クロージング・アフターフォロー 編

- 競合している場合は、最後に見積書を出す
- 口頭だけの説明ではなく、文章で伝えて念を押す
- 《契約は通過点》というイメージでいうことがポイント
- 音信不通のお客様はきっぱり諦めて、次のお客様を探す
- お客様が混乱しているときは1歩引くことも考える
- ただ単に値引きするのではなく、交換条件を提示する
- ニュースレターを出したら訪問して、積極的にクレームをもらってくる
- 質問リストより自然な会話を心がける
- ハードルを下げ、その場で紹介をもらうようにする
- 当たり障りのない文章ではなく、自分らしさを伝える

第7章

会社での人間関係 編

人間関係に悩んで退職に追い込まれる前に

◉モチベーションを保つための上司、先輩との付き合い方

《自分のやりたいように営業活動をさせて欲しい…》

そう思ったことはないでしょうか？
会社の方針や直属の上司によって思うようにさせてもらえない人は少なくありません。
ほとんどの人はやりたくない理不尽なことを無理やりやらされたりしているものです。

また職場の上司や先輩との人間関係に悩んでいる人もたくさんいます。

《なんて嫌な上司なんだ》
《もっといい先輩がいたらなぁ》
《仕事は楽しいが、上司との関係は最悪だ…》

などと毎日、人間関係で頭を悩ませている人もいます。
しかし悩んでいるのはあなただけではありません。
私もそうだったのですが、**大半の営業マンは上司や先輩との関係に少なからず悩んでいる**ものなのです。
それを証拠に退職理由のトップ３のうち２つは人間関係が占め

ています。
　つまり、多くの営業マンが上司や先輩との人間関係に悩み、退職をせざるを得ない状況に追い込まれているということです。

　長引く不況の中、歯を食いしばって営業活動をし、結果を出しています。
　結果を出した次は職場での人間関係に悩まされます。
　これではモチベーションは上がらなくて当然です。
　営業活動は気持ちが左右されます。
　いいモチベーションで営業に臨めば、いい結果が訪れます。
　逆にモチベーションが下がった状態で営業をすればいい結果にはつながらないのです。

　とは言え誰しもが毎日モチベーションを高く保てるわけではありません。
　むしろテンションが上がらない日のほうが圧倒的に多いはずでしょう。
　営業活動をしていれば必ず人間関係に悩み、モチベーションも下がるものです。
　そうした**状況を逆手に取り、マイナスをプラスに変えて欲しい**のです。
　何事も考え方次第です。
　嫌いな上司も考え方次第では、便利に利用できます。
　嫌な上司、先輩といかに上手く付き合えばいいのか？
　やる気にどう火をつけるか？
　この章を読んでそのヒントをつかんでください。

第7章　会社での人間関係 編

質問 66

上司が教えてくれません

お役立ち情報についてアドバイスを求めたのですが、上司は教えてくれません。どうすればよいのでしょうか？

■20歳　男性　ビルメンテナンス営業

　お客様にお役立ち情報を出してアプローチしたいと考えています。

　今、お役立ち情報のネタ探しに困っています。

　私は入社1年目の営業ということもあり、まだ具体的な経験がありません。

　お役立ち情報を作成する上で上司や先輩に過去のクレーム例を教えて欲しいとお願いするのですが、「営業という仕事は人に会うのが仕事だから、そういうのは作業であって仕事ではない」と言って教えてくれません。

　教えてくれない上司や先輩にもうんざりします。

　こういった場合はネットや書籍で調べるしかないでしょうか？

　アドバイスください。

> **回答**
>
> ## 上司や先輩ではなく メンテナンスの担当者に 聞きましょう

　入社1年目ですから経験が無いのは仕方がないことです。

　しかも上司も先輩も教えてくれないのですか。

　おそらく手紙での営業方法に抵抗があるのでしょうね。

　そういった上司や先輩は他の会社にもたくさんいますから、気にしないでください。

　○○さんが言うようにネットや書籍などで調べるのもいい手です。

　しかし注意点があります。

　ネットや書籍で得た情報をそのまま載せてもお客様には伝わりません。

　その**文章をよく読んで、そのうえで○○さんのご意見を載せて**ください。

　そうすることによって伝わる文章になります。

　また先輩が教えてくれないのでしたら**メンテナンスの担当者に聞いてみてください**。

　イヤというほどリアルなクレーム例を教えてくれます。

第7章　会社での人間関係 編

質問 67

上司のアドバイスが参考になりません

上司の監視され
しかも的外れなアドバイスばかりされます。
どう営業したらよいでしょうか?

■25歳　男性　コピー機営業

　日報や行動などを上司に細かくチェックされているため、勤務時間内に自分がやりたいことができません。

　お客様に営業レター（39ページ参照）を送りたいのですが、監視され、それを許してくれません。

　休日に出勤して営業レターを作っているのが現状です。

　上司のアドバイスも的外れで「訪問件数が足りないから結果が出せないんだ！」とか「気合いが足りないんだ！」ということばかりでなんの参考にもなりません。

　上司も具体的な方法論がわからなから、そうアドバイスして責任転嫁してしまうのだと思います。

　私が今まで契約したお客様も上司が言うように何度も訪問したお客様などではなく、自分なりに考えた営業レターでのフォローしていたお客様が大半です。

　どう考えてもおかしい上司と今後どう付き合えば良いのでしょうか？　アドバイスください。

回答

結果が出るまでは、ある程度上司の考えも取り入れましょう

おそらくその上司は40代後半〜50代なのではないでしょうか？
その世代の人は訪問で結果を出してきました。
ですから、それと同じことを部下にもさせるのです。
《営業は訪問して足で稼ぐもの》と思い込んでいる人が、営業レターで楽にアプローチするなんてことは理解できません。
よほどの結果を出さない限り無理でしょう。

私自身も結果が出るまでは、朝早く会社に出社してコソコソと営業レターを作っていました。
結果が出るまでは上司がいないところで実行するか、もしくはある程度上司の考え方も取り入れてください。
「所長の言うように訪問しようと思っていますが、訪問しやすくするために手紙も活用したいと思います」と言えば理解してもらえるでしょう。

直属の上司を敵に回してもいいことはありません。
ある程度考え方を取り入れて営業活動をしてください。

第7章 会社での人間関係 編

質問 68 上司からのプレッシャーに耐えられません

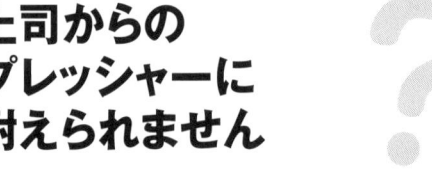

決算期までに結果を出さなくてはならないのですが、
無理をすると商談をつぶしてしまいそうです。
どうすればよいのでしょうか?

■28歳　男性　ビール会社営業

今季は調子が出ず、思うような成績を残せていません。

営業会社なので当たり前ではありますが、決算期までに結果を出せと毎日のように上司に言われています。

胃が痛くなるほどのプレッシャーを受けます。

上司には「一刻も早く契約するためにどうすればいいか考えろ」と言われますが、思いつきません。

また必要のないお客様に強引にお願いするのもなんだか気が進みません。

私自身は「お役立ち情報でフォローして来期に契約をいただこう!」と考えています。

取引できそうな訪問先があるのですが、他との契約期間も残っており、とても月内に契約は無理な感じです。

急がせると嫌われるのではないかとも思ってしまいます。

このような考えはやはり甘いのでしょうか?

このようなときはどのように考え、行動されますか?

回答

**上司でなく
お客様のことを考えて
行動を**

　○○さんの考えは正しいです。
　お客様には役立つ情報を提供してゆっくりと信頼関係を作っていくのが一番ですし、それが一番の近道です。

「今すぐ契約してください！」とお願いしたところで、お客様は契約してくれないでしょうし、チャンスさえ潰すことになります。
　私もよく上司から「今月結果を出さなかったら、わかっているだろうな！」と脅されました。
　上司からのプレッシャーはきつかったのですが、そんなことはお客様には関係ありません。
　私はお客様に自分都合で契約を迫っているときは、ことごとく断られていました。
《このことはぜひ知ってもらいたい》とお客様のことを思って行動したときに、うまくいくようになってきたのです。

　上司からのプレッシャーは厳しいと思いますがそれに**負けずにお客様のことを心から考えて行動してください。**
　きっと道が開けると思います。

第7章　会社での人間関係 編

質問 69

上司と意見が合いません

いい面も悪い面も正直に伝えたいと思うのですが、上司はダメだと言います。どう営業したらよいでしょうか?

■26歳　女性　住宅営業

　今、モデルハウスで待機することが増えました。
　そこで、モデルハウスの欠点がたくさんあることに気づいたのですが、それをトークやお役立ち情報として作るのはありでしょうか?
　私自身、買い物をしたとき、いいことだけを説明する店員さんより、悪い面を言ってくれる店員さんのほうが好印象を受けます。
　私自身もいいことだけでなく、欠点も説明したいと思っています。

　そのことを上司に相談すると「マイナスなイメージを客に与えるな!」と怒られました。
　まったく考えが合いません。
　私自身はいい面も悪い面も正直に伝えたほうがお客様から信頼を得られると思うのですが、実際は、どうなのでしょうか?
　よろしくお願いいたします。

> **回答**
>
> お客様はいい面だけでなく悪い面を教えてくれる営業を探しています

いいご質問ありがとうございます。**いい面も悪い面も正直にお客様に伝えるべきです。**いい面だけアピールしてもお客様から信頼されることはありません。

《いいことだけ言う営業には気をつけよう》と警戒されるだけです。トップ営業マンは例外なく、いい面と悪い面の両面を正直に伝えます。**デメリット・メリットトーク**という方法です。

デメリット・メリットトークは文字通り、はじめにデメリットを伝え、その後メリットを伝えるトークのことを言います。

例えば「このドアは若干重いというデメリットがありますが、重厚感がありリビングの印象を格段にアップすることができます」といった感じです。

はじめにデメリットを言うことで《この営業マンは正直だ》という印象を与えられます。またデメリットの後にメリットを言うことで、メリットがより一層引き立つのです。

トップ営業マンはそのことをよく知っています。

ですからあえてデメリットを先に言うのです。

メリット、デメリットの両面伝えることは、お役立ち情報でもトークでも非常に有効です。

お客様は正直に本当のことを教えている営業を探しています。

ぜひいいお役立ち情報とトークを考えてみてください。

質問 70

上司が商談の邪魔をします

商談のいいところで上司が顔を出して潰します。
こんな上司にはどう対処すればよいのでしょうか?

■27歳　男性　コンビニ店舗営業

　上司は「お前が契約をとれているのはオレのおかげだ！」と言いますが、実際はまるで逆です。

　その上司のせいで契約が潰されるのです。

　あるお客様との商談には「お前だけでは心配だ」と言い上司が強引についてきて説明しました。

　打ち合せが終わってから、そのお客様から「あの上司は嫌いだから2度と連れてこないでください」というメールが来ました。

　そのようなメールは他のお客様からも多数いただきます。

　上司が原因でお断りされることも頻繁にあります。

　これでは今まで私が頑張ってきたことが一瞬でパーになってしまいます。

　先日そのことをそれとなく話したのですが、上司は全然理解してくれません。

　こんな上司はどう対処すればよいのでしょうか？

回答

上司をのせて うまく利用しましょう

　このような経験をしている人も少なくありません。

　商談がいいところまで進んだところで上司が出てきて、潰される。

　これほど悔しいことはありません。

　だからと言って「あなたが来るとお客様が嫌がるので来ないでください」とは言えないでしょう。

　こんなときは、**上司を上手くのせて、利用することを考えてください**。

　たとえばですが、上司には「所長には大事なポイントで同行をお願いします」と言っておきます。

　そしてお客様と契約が完全に決まってから、上司へ同行を依頼します。

　契約の調印式だけ顔を出してもらえばいいのです。

　お客様も契約のときに肩書きのある人が来ると喜びます。

　上司は「おれのお陰だ」とますます勘違いするかもしれませんが、商談を潰されるよりはマシです。

　また前もってお客様に「契約の日はちょっと変わった上司を連れてきますが、気にしないでください」と保険をかけてもいいでしょう。参考にしてください。

Chapter 7

質問 71

会社の方針で強引に訪問させられます

営業レターでのフォローが上手くいっていたのですが、
会社の方針で全件に訪問しなくてはなりません。
どうすればよいでしょうか?

■29歳　男性　プロパンガス営業

　お陰さまで営業レター（39ページ参照）のフォローが上手く機能しています。

　お客様からも嫌われることなく商談へ進められ、契約も順調に上がっています。

　しかしここにきて問題が起こりました。

　会社方針で『訪問してすべてのお客様の様子を確認せよ』ということになりました。

　中には、まだ訪問にはどうだろうというお客様もたくさんいらっしゃいます。

　私がそのことを伝えると上司から「上からの命令に逆らう気か！すべてのお客様の状況を確認してさっとしてレポート出せ」と怒鳴りとばされました。

　今までの行動とあまりに差があり、テンションがあがりません。
　それにお客様に対してもなんとも気が引けます。
　いかに対応すればいいでしょうか?

> **回答**
>
> **手紙で訪問の目的を
> はっきり伝え、
> 前フリをしましょう**

　せっかく営業レターのフォローが上手くいっていたのに、意見を聞かず「すべて訪問して確認しろ」だなんてヒドイですね。

　だからと言って会社の方針を完全にまるっきり無視するわけにいきません。

　この場合は**営業レターと一緒に訪問の前フリの手紙をお客様に送くってみてはいかがでしょうか？**

○○様へ

いつもお役立ち情報を読んで頂きましてありがとうございます。
後日、ご計画の確認をさせて頂く為だけにお伺いさせていただく予定です。
ご迷惑でしたら訪問はしませんので遠慮なくご連絡ください。

　このように訪問する理由をはっきり伝えておいた上で、訪問します。本位でないかもしれませんが、これで対応してみてください。

第7章　会社での人間関係 編

Chapter 7

質問 72

会社の方針で強引にクロージングさせられます

お客様と商談を順調に進めてきましたのですが、会社の方針で無理矢理今月中にクロージングしなくてはならなくなりました。どうすればよいでしょうか?

■24歳　女性　住宅営業

プランを作成させていただいたお客様も2件あります。

私を娘のように可愛がってくれ、商談は順調です。

しかし、問題が発生しました。

会社の決算目標に到達するために、私の顧客が有望だということで、集中営業をかけろ、ということになりました。

上司も同行して力づくで決めようという方針です。

これではせっかくお客様とのいい関係が台無しになるのは目に見えています。

しかし、実績も経験も無いので止めてくれとも言えません。

会社も決算期で実績が欲しいのはわかりますが菊原先生も言われていたように、お客様には関係ないことです。

テンションが下がってしまっている今日この頃です。

営業って、どこもそうなのでしょうか?　悩んでいる日々です。

> **回答**
>
> 上司の言いなりに
> なるのではく
> お客様を守ってあげましょう

　会社の都合でクロージングされることはよくあります。本当に嫌なことですね。それ以上に会社都合でクロージングされるお客様はたまったものではありません。

　私自身も同じような経験を何度もしました。

　月末になると所長が勝手に同行してきて、無理矢理クロージングします。そして決まらないと「あの客はダメだ」と捨て台詞です。

　せっかく温めてきたお客様を潰された後は、しばらくやる気が出ませんでした。

　私はこのような経験から、お客様には事前にこのように伝えるようになりました。

「次回、上司と同行いたしますが、その時強引に契約をせまってくると思います。

　ただ契約を決めるのはあくまで〇〇さんですから、決してムリをしないでください」

　そう伝えればお客様との関係はより強固になります。

　上司のいいなりになるのではなく、お客様を守るのがあなたの役目です。

　会社の立場ではなく、お客様の立場に立つ営業になってください。

質問 73

早出して
ひと仕事したいのに
できない

早く出社して仕事をしたいのですが
上司がカギを持っていて会社に入れません。
どうすればよいでしょうか?

■30歳　女性　証券会社営業

　早く出社したいのですが、上司がカギを持っていてできません。

　始業時間は9時からです。

　誰もいない朝の30分ということで、8時30分に出社して雑用等こなしたいのですが、店にはカギがかかっています。

　カギを持っている上司は9時にしかきません。

　9時からは、すぐミーティングはじまってしまいます。

　早出してひと仕事したいのですが、会社にカギがかかっていてできないのが悩みです。

　よきアドバイスがありましたらよろしくお願いします。

回答

クラウドを利用して出勤前に家やファミレスでひと仕事しましょう

　私自身は、普段は始業時間の30分前に出社して仕事をしていました。

　誰もいない会社は妙に落ち着きます。

　またその30分で効率良く仕事がこなせることをよく知っていしました。

　しかし、時には出社する前に30分ほど家で仕事することもありました。

　家からスタッフに連絡したり、資料を作ったりします。

　家でひと仕事してから出社していたのです。

　今現在はクラウドなどの便利なツールも充実しています。

　クラウド上にデータをアップしておけばいつでもどこでも資料をつくることが可能になります。

　会社に限らず、自宅やファミレスでお仕事してみてはいかがでしょうか。

　朝の30分は夜の２時間以上の価値があります。

　ぜひ朝の30分をご活用ください。

質問 74

お客様に
ハッキリものを
言えません

私は人のことを考えてしまいハッキリものが言えません。上司からは「お前は営業に向いていない!」と言われました。どうすればよいでしょうか?

■26歳　男性　新車販売

　私は思いつきではなく、じっくり考えてから行動するタイプの人間です。

　上司からは、「色々と考えるやつは、はっきり言って営業に向いていない」と言われたこともあります。

　たとえば下取り金額を言うときに、お客様のことを思うとつい躊躇してしまいます。

　同僚のなかには「これ以上無理ですね」とハッキリ言える人もいます。

　事実は事実としてお伝えするとして、もう少しお客様の気持ちに配慮した話し方はないのでしょうか。

　それとも、そんな気遣いは不要でしょうか?

　アドバイスください。

回答

価格レンジを言ってから、査定額を伝えましょう

　私はお客様のことを考え気遣いができる営業マンからを買いたいと思っています。
　私だけでなく他の人も、お客様のことを思ってくれる営業から買いたいと思っているでしょう。
　営業に向いていないという店長がおかしいと思ってください。

　さて下取り金額ですが、一般の人はどのくらいが基準かまったくわかりません。
　勝手に高く思っているお客様もいるでしょう。
　そんなときは**言うのに躊躇するのではなく、お客様に価格レンジを伝えてください。**

「通常同じクラスの車種ですと20〜40万円くらいです。お客様の車は程度が良かったものですから42万円の査定額がつきました」

　そう言われるとお客様は得した気分になります。
　このようにお客様に基準を言ってから、伝えてみてはいかがでしょうか？
　ご参考ください。

質問 75

モチベーションが上がりません

営業成績が上がらないと私生活まで影響してしまいます。なにかモチベーションを上げる方法はありませんか?

■31歳　男性　人材派遣会社営業

最近は震災や景気の後退などもあり、新規のお客様、商談中のお客様ともにあまり良い感触が得られておりません。

やはり精神的なストレスのせいか、あまり自身が前を向いて歩けないような感じなのです。

営業職の場合、自身のモチベーションによって成績が左右されます。また営業の数字が上がらないと、私生活まで影響されてしまいます。

すべて気の持ちようだと思いますが、なかなか自分ではモチベーションが上げられない場合、菊原様の場合どういったことをされていらっしゃいましたか?

自己啓発やモチベーションがアップするCDを聞けば、上がりますか?

何か成績を残し、気持ち良い気分を味わいたいです!

ぜひ何かヒントをください。

回答

お客様に声をかけてもらうための行動を地道に行ないましょう

　モチベーションはCDや本を読んでもそう簡単に上がるものではありません。

　きっかけにはなりますが、すぐにまた下がってしまいます。

　一番のモチベーションアップはお客様から声をかけていただくことです。

　お客様から声をかけていただくような活動を地道にすることをお勧めします。

　私の場合ですが、商談で失敗したり、テンションが下がったときは毎日少しずつハガキ、手紙をお客様に出していました。

　そう地道に行動していると不思議なことに他のお客様から突然声をかけられたりしたものです。

「○○さんに相談したいことがありまして、お時間取れますか？」

　こう言われた瞬間にモチベーションが上がります。
　お客様に声をかけてもらうために今できることをしてください。

第7章のまとめ

合わない上司との上手な付き合い方

　研修の打ち上げに出たときのことです。
　1人の営業マンが上司についてこんな話をしてくれました。

営業A「うちの店長はとんでもない人でしてね」
私　　「どういう人ですか？」
営業A「ザ・昭和という営業スタイルを強要してきます」
私　　「そういう店長も結構いますよ」
営業A「私の考えとまったく合わないんですよ」

　その店長はガンガン訪問や電話をさせるスタイルです。
　また月末には「この条件が提示できるのは今月までです！」と強引にクロージングさせます。
　これで契約が取れること自体が凄いと思いました。
　その営業マンはこんな話をしていました。

営業A「店長から仕事内容について褒められたときには注意が必要なんです」
私　　「どういうことですか？」
営業A「店長から評価されたときは《今の営業スタイルは間違っている》と思うようにしているんです」

私　　「面白いチェック方法ですね」
営業Ａ「そう考えてからは以前より上司が嫌でなくなりました」

　合わない上司を自分の行動が間違っているかどうかのチェックに利用する。《面白い考え方だなぁ》と思いました。
　営業Ａさんはこのように**考え方を変えたことで、上司を毛嫌いすることなく付き合えるようになったと言うのです**。

　別の営業マンの合わない上司をこのように利用します。何かとお客様にところへ顔を出し、商談の邪魔をする上司に対して
「〇〇部長（直属の上司）には一番大切なポイントで同行お願い頂けますか？」
と言っておきます。
　そうすれば商談のいいところで邪魔をされることはなくなります。そして話が完全に決まったときや契約の調印式に顔を出してもらいます。
　役職の高い人が契約に立ち会うことでお客様も《私は大切にしてもらっている》と満足します。
　部長もお客様に喜ばれることで満足するのです。
　こうして上手く付き合い、いい関係を保っているのです。

《上司と考え方が合わない》という人もいるでしょう。
　まともに対応しているとストレスが溜まります。そんなときはちょっと違う角度で付き合ってみてはいかがでしょうか？
　上司を変えることはできません。
　しかし、**自分の考え方や付き合い方はすぐに変えることができます**。付き合い方を変えて、上司といい関係を築きましょう。

Chapter 7

おさらい 会社での人間関係 編

- 上司や先輩ではなく、メンテナンスの担当者に聞く
- 結果が出るまでは、ある程度上司の考えも取り入れる
- お客様との信頼関係を築くのがいちばんの近道
- お客様はいい面だけでなく、悪い面も教えてくれる営業マンを探している
- 上司をのせてうまく利用する
- 手紙で訪問の目的をはっきり伝え、前フリをする
- 上司の言いなりになるのではく、お客様を守ってあげる
- クラウドを利用して出勤前に家やファミレスでひと仕事する
- 価格レンジを言ってから、査定額を伝える
- お客様に声をかけてもらうための行動を地道に行なう

おわりに

悩むのは
諦めていない証拠

　はじめにでも少しお話しましたが、私は7年間のダメ営業マン時代を過ごしました。
　会社に行けば「契約を取ってこい！」と怒鳴られ、訪問してもどのお客様からも相手にされない毎日です。
　会社に行くのが嫌で仕方がありません。
「日曜の夕方になってサザエさんを見ると気が沈む」とよくいう人がいますが、私もまったくそのタイプです。
　ただ違いは休みが水曜日、木曜日だったため仕事前日の夜から《あぁ、明日仕事かぁ〜嫌だなぁ》と憂鬱に思っていのです。

　休み明けだけではありません。
　契約ゼロ月が何カ月も続くと、毎日が不安と悩みでいっぱいになります。
《今月も契約がゼロだったらどうしよう…》
《もう、限界だ》
《商談客も見つからないし、どうにもならない》
と毎日のように悩んで、頭を抱えていたものでした。

　そんなときのことです。
　私と同じように毎日悩んでいた後輩が急に明るくなったことが

ありました。
私　「最近、急に元気になった感じだけど、何かいいことあった？」
後輩「今は言えませんが、まあありましたね」
　あとになって理由を聞きました。
　後輩はその時点で《営業を辞める》と決めていたのです。
　その後輩がこんな印象的なことを言っていました。

後輩「毎日不安で悩んでいましたが、辞めると決めた途端すごく楽になるものなのですね」
私　「そういうものか」
後輩「辞めることになって初めて気がついたのですが、不安で悩むということはまだ真剣に営業を続けようとしている証拠ですよ」
私　「じゃあ俺はまだ真剣に続けようとしているわけなのかな」
後輩「そうですよ、辞める私が言うのですから間違いありません」
　これを聞いた私は妙に納得しました。

　確かに後輩の言うとおりです。
　今月いっぱいで会社を辞めることが決まっていたらどうでしょう？《今月契約が取れなかったらどうしよう》などと悩むこともありません。営業活動に関して悩んだり、不安に思うということは頑張って続けようと思っている証拠なのです。
　私はその後《悩むのは諦めていない証拠だ》と考えるようにしたことで、気持ちが格段に楽になったのです。

おわりに

　この本を手にとって頂いた人は営業活動に何らかの悩みを持っている人のはずです。
　でなければこのようなタイトルの本を手にすることはありません。
　◎悩みで頭を抱えている
　◎毎日が不安で仕方がない
　◎何をやっても上手くいかない
という人もいるでしょう。
　そんなときは《不安で悩むのは気持ちが切れず頑張って続けようと思って証拠だ》と思ってください。
　そう考えるだけでも気持ちが少し楽になります。

　本書の内容が営業活動で悩んでいる人の何かのお力になれば、著者としてこれ以上の喜びはありません。
　最後までお付き合い頂きまして本当にありがとうございました。

最後の最後に

　この本を手に取って頂いた方、そして通信講座の会員様に心より感謝いたします。
　また編集の上垳さんには大変お世話になりました。
　このような形の本になったのも上垳さんのお陰です。

　そして最後にいつも私を支えてくれる家族に感謝して締めの言葉とさせて頂きます。
　いつもありがとう。

菊原　智明

菊原智明（きくはら・ともあき）

営業サポート・コンサルティング（株）代表取締役。
営業コンサルタント。関東学園大学経済学部講師。（社）日本営業力検定協会代表理事。群馬県高崎市生まれ。工学部機械科卒業後トヨタホームに入社し、営業の世界へ。自分に合う営業方法が見つからず7年もの間クビ寸前の苦しい営業マン時代を過ごす。お客様へのアプローチを訪問から「営業レター」に変えることをきっかけに理系思考で営業に取り組んだ結果、4年連続トップの営業マンに。約600名の営業マンの中においてMVPを獲得。2006年に独立。営業サポート・コンサルティング株式会社を設立。経営者や営業マン向けのセミナー、研修、コンサルティング業務を行なっている。【営業力検定】が取得できる営業通信講座のクライアントの数は卒業生も含め既に500人を超えている。現在は企業研修や通信講座の他に大学にて学生に向け全国でも珍しい【営業の授業】を行ない、社会に出てからすぐに活躍するための知識を伝えている。
2011年までに20冊以上の本を出版。ベストセラー、海外で翻訳多数。
主な著書に『訪問しないで「売れる営業」に変わる本』『「売れる営業」に変わる魔法のトーク』、『急に「売れる営業」に変わったアイツには理由がある』（大和出版刊）、『売れる営業に変わる魔法の言葉』（ダイヤモンド社）、『訪問ゼロ！残業ゼロ！で売る技術』（日本実業出版社）、『夢をかなえる話し方』（エンターブレイン）、『29歳でクビになる人、残る人』（PHP）、『トップ営業マンのルール』『トップ営業マンが使っている買わせる心理術』（明日香出版）などがある。

■営業サポート・コンサルティングHP（メルマガや無料レポートもあります）
http://www.tuki1.net
■【営業力検定3級の資格が取れる】通信講座HP
http://kikuhara.jp もしくは http://jeos.jp/ へ
■著者ブログ「住宅営業マン日記」
http://plaza.rakuten.co.jp/tuki1

誰も教えてくれない　セールスの教科書

2011年9月12日　初版発行

著　者　　菊　原　智　明

発行者　　常　塚　嘉　明

発行所　　株式会社　ぱる出版

〒160-0011　東京都新宿区若葉1-9-16
03(3353)2835 — 代表　03(3353)2826 — FAX
03(3353)3679 — 編集
振替　東京　00100-3-131586
印刷・製本　中央精版印刷(株)

©2011 Tomoaki Kikuhara　　　　　　　　　Printed in Japan
落丁・乱丁本は、お取り替えいたします